Mini-Desserts

Mini-Desserts

This edition published by Parragon Books Ltd
LOVE FOOD is an imprint of Parragon Books Ltd
Parragon Books Ltd
Chartist House
15–17 Trim Street
Bath BA1 1HA, UK
www.parragon.com

Copyright © Parragon Books Ltd
LOVE FOOD® and the accompanying heart device is a registered trade mark of Parragon Books Ltd in Australia, the UK, USA, India and the EU.

Entwurf und Realisation: Pene Parker und Becca Spry
Texte und Ernährungsberatung: Sara Lewis
Fotograf: William Shaw

Alle Rechte vorbehalten. Die vollständige oder auszugsweise Speicherung, Vervielfältigung oder Übertragung des Werkes, ob elektronisch, mechanisch, durch Fotokopie oder Aufzeichnung, ist ohne vorherige Genehmigung des Rechteinhabers urheberrechtlich untersagt.

Copyright © für die deutsche Ausgabe
Parragon Books Ltd
Chartist House
15–17 Trim Street
Bath BA1 1HA, UK
www.parragon.com

Realisation: trans texas publishing services GmbH
Übersetzung: Aggi Becker, Köln

ISBN 978-1-4723-5257-6
Printed in China

Hinweise
Sind Mengen in Löffeln angegeben, ist immer ein gestrichener Löffel gemeint: Ein Teelöffel entspricht 5 ml, ein Esslöffel 15 ml. Wenn nicht anders angegeben, ist mit Milch Vollmilch gemeint. Eier und Früchte sind von mittlerer Größe. Die angegebenen Zeiten können von den tatsächlichen leicht abweichen, da je nach verwendeter Zubereitungsmethode und vorhandenem Herdtyp Schwankungen auftreten.
Serviervorschläge und nach Belieben zu verwendende Zutaten sind bei den Zeitvorgaben nicht berücksichtigt.
Kinder, ältere Menschen, Schwangere, Kranke und Rekonvaleszenten sollten auf Gerichte mit rohen oder nur leicht gegarten Eiern verzichten. Schwangere und stillende Frauen sollten auf den Genuss von Erdnüssen und Zubereitungen mit Erdnüssen verzichten. Einige der fertigen Zutaten aus den Rezepten können Nüsse oder Spuren von Nüssen enthalten. Lesen Sie vor der Verarbeitung immer die Packungshinweise.

Inhalt

Einleitung	6
Zum Verwöhnen	10
Zum Schlemmen	28
Für den besonderen Anlass	46
Für die Party	62
Register	80

Einleitung

Beeindrucken Sie Ihre Gäste bei jedem besonderen Anlass mit verlockenden kleinen Desserts. Ob Sie nur eine kleine Süßigkeit servieren oder, ganz wie in der gehobenen Gastronomie, zwei oder drei kleine Portionen von unterschiedlichen Süßspeisen pro Person reichen möchten – diese Rezepte sind dafür ideal. Bei zwanglosen Anlässen können Sie diese Mini-Portionen auch auf großen Tabletts als kleine Häppchen anbieten.

Küchenutensilien

Geschirr und Backformen

Ein Teil des benötigten Geschirrs ist in den meisten Haushalten vorhanden, etwa Likörgläser, eine Mini-Muffinform, Auflaufförmchen oder hitzebeständige Mokkatassen. Weiteres Geschirr ist im Haushaltswarenfachhandel, in der entsprechenden Abteilung der Kaufhäuser oder im Internet erhältlich.

Die in den Rezepten verwendeten Formen und Gläser haben ein Fassungsvermögen von 50–150 ml. Metallene Mini-Muffinformen sind meist für 12 oder 24 Muffins erhältlich, jedoch werden nicht immer alle Vertiefungen benötigt. Die verwendeten Likörgläser fassen 50 ml.

Für Desserts, die in einer Backform zubereitet werden, benutzen Sie eine eckige Springform von etwa 30 cm x 20 cm x 5 cm Größe; für die Drei-Schokoladen-Mousse auf Seite 52 eine tiefe quadratische Springform mit 20 cm Seitenlänge.

Mini-Desserts können in Papier- oder Folienmanschetten für Cupcakes oder auf Tellern oder kleinen Servietten gereicht werden..

Spritzbeutel und Tüllen

Einen großen Spritzbeutel aus Nylon oder gewachster Baumwolle mit runden oder sternförmigen Tüllen wird beispielsweise für die Mini-Eclairs (Seite 76) und einige Baisers (Seite 40) benutzt oder um kleine Schokoformen oder Gläser (Seite 60) sauber zu füllen.

Für feine Verzierungen kann man auch eine doppelte Schicht Backpapier zu einem Dreieck falten und ein-rollen. Den Beutel füllen und die Spitze mit einer Schere abschneiden – das ersetzt Tüllen mit ganz kleiner Öffnung. Im Fachhandel gibt es auch Einweg-Spritzbeutel aus Kunststoff.

Zubereitungsmethoden

Tiefkühlen

Für tiefgekühlte Desserts in Gläsern benötigt man Kunststoffgläser. Man stellt sie auf einer Backform ins Tiefkühlfach, bis sie gefroren sind. Dann mit Frischhaltefolie abdecken und beschriften. Die Desserts sind tiefgekühlt maximal 6 Wochen haltbar und sollten über Nacht im Kühlschrank oder 2 Stunden bei Zimmertemperatur und dann im Kühlschrank auftauen. Reste von tiefgekühlten Desserts sollten nicht erneut eingefroren werden..

Gelatine

In diesem Buch wird Gelatine in Pulverform verwendet. 1 glatt gestrichenen Messlöffel Gelatinepulver in kaltes Wasser in einer hitzebeständigen Schüssel streuen und mit dem Löffel verrühren. 5 Minuten einweichen lassen, dann die Schüssel in einen Topf stellen, der bis zu halber Höhe mit Wasser gefüllt ist. Etwa 5 Minuten leicht köcheln, bis die Gelatine sich auflöst. Falls sie zu heiß wird, einige Minuten abkühlen lassen. Dann die Gelatinemischung in die Flüssigkeit aus dem Rezept einrühren. Das Ganze in Servierschälchen füllen (falls sie geschnittene Früchte enthält, erst andicken lassen, sonst bleiben alle Fruchtstücke an der Oberfläche) und 3–4 Stunden in den Kühlschrank stellen.

Um ein Gelee zu stürzen, Dessertformen aus Metall vor dem Servieren 2 Sekunden in fast kochendes Wasser tauchen, Silikonformen etwas länger. Dann am oberen Rand mit den Fingerspitzen lösen und die Form auf einen Teller stürzen. Form und Teller festhalten, kurz rütteln, dann die Form abnehmen und den Teller rundum mit Küchenpapier säubern.

Karamell

Karamell gelingt, wenn man den Zucker möglichst nicht umrührt, während er sich auflöst, so kann er am besten kristallisieren. Zucker und Wasser langsam in einem Topf erhitzen und dabei von Zeit zu Zeit den Topf schwenken. Wenn der Zucker aufgelöst ist, 4–5 Minuten unter ständiger Beobachtung kochen, weil der Sirup am Rand dunkel werden könnte und anbrennt. Den Topf sanft schwenken, damit die Flüssigkeit gleichmäßig Farbe annimmt. Wenn der Karamell braun ist, vom Herd nehmen.

Baiser

Eine saubere, trockene Schüssel und einen Mixer verwenden. Das Eiweiß schlagen, bis es steif ist und glänzt. Den Zucker teelöffelweise einarbeiten und noch 1–2 Minuten weiterschlagen. Beim Schwenken der Schüssel sollten die Eischneespitzen sich nicht bewegen. Baiserportionen mit dem Löffel oder dem Spritzbeutel auf ein mit Backpapier ausgelegtes Backblech geben und bei niedriger Temperatur wie angegeben backen, bis sie von außen knusprig sind und sich leicht vom Backpapier nehmen lassen. Falls der Boden noch anhaftet, einige Minuten länger backen. Die ausgekühlten Baisers kann man in einer ausgelegten Keksdose 3–4 Tage aufbewahren.

Backformen auslegen

Eine quadratische Form auf Backpapier legen, um sie herum eine Linie zeichnen und das Papier ausschneiden. Einen Streifen so breit wie die Höhe der Backform zuschneiden und auf einer Längsseite einen Zentimeter breit umfalten. Die Backform einfetten, dann den Streifen an die seitlichen Ränder der Backform drücken; der Falz sollte dabei auf dem Boden der Backform anhaften. Den Falz an den Ecken einschneiden. Das quadratische Stück Backpapier auf den Boden der Backform legen. Runde Backformen einfetten und das Backpapier 1 cm größer als die Form ausschneiden. Das Backpapier am äußeren Rand mehrfach 5 mm tief einschneiden, in die Backform und an die Ränder andrücken.

Muffins und Cupcakes

Zunächst das Mehl sieben, die weiteren trockenen Zutaten untermischen, dann alle flüssigen Zutaten auf einmal hinzufügen und alles vorsichtig vermischen. Sobald die Zutaten vermengt sind und noch Mehlklumpen sichtbar sind, den Teig in die Muffinform füllen. Wenn der Teig zu sehr gerührt ist, werden die Muffins schwer. Soweit nicht anders angegeben, die Vertiefungen bis an den Rand oder sogar etwas darüber füllen, um die typische Wölbung zu erhalten.

Wann ist ein Kuchen fertig gebacken?

Die meisten Kuchen sind gar, wenn sie sich in der Mitte nach oben wölben und an der Oberfläche leicht gebräunt sind. Vorsichtig mit dem Finger andrücken: Der Kuchen sollte sich fest anfühlen. Eventuell einen Spieß in die Mitte des Kuchens drücken – wenn er gar ist, haftet kein Teig am Spieß.

Gekonnt Dekorieren

Schokoladenröllchen

Frisch geschmolzene Schokolade auf einem Marmorbrett in einer gleichmäßig dünnen Schicht mindestens 5 mm dick ausstreichen. Abkühlen lassen. Ein langes Küchenmesser im 45-°-Winkel wippend über die Schokolade ziehen, dabei rollt sie sich dünn auf. Für zweifarbiges Schokoladen-Craquelé einen Streifen geschmolzene weiße Schokolade aufs Marmorbrett streichen, 5 Minuten trocknen lassen, dann eine Schicht Bitterschokolade daraufstreichen. Beide Schokoladenschichten sollten gleich dick sein. Auskühlen lassen und wie oben beschrieben zu Röllchen abziehen.

Wenn es schnell gehen soll, Blockschokolade mit der glatten Seite nach oben auf ein Schneidebrett legen und einen Sparschäler mit Druck in leichtem Winkel über die Schokolade ziehen. Die Größe der Schokoladenröllchen hängt von der Temperatur der Schokolade und des Fettanteils ab. Aus sehr kalter Schokolade erhält man kleine Röllchen. Man kann die Schokolade 10 Sekunden auf hoher Stufe in der Mikrowelle erwärmen (wenn es eine große Tafel ist oder die Schokolade einen hohen Kakaoanteil hat). Je weniger feste Kakaoanteile die Schokolade enthält, umso leichter lässt sie sich formen. Deshalb eignen sich weiße Schokolade und Milchschokolade besser für größere Röllchen als Bitterschokolade.

Gespritzte Schokoladengarnitur

Geschmolzene Schokolade in einen kleinen, aus Backpapier geformten Spritzbeutel füllen (siehe Seite 6), das obere Ende einrollen und eine kleine Spitze unten abschneiden. Dann wird keine Tülle mehr benötigt. Damit können verschiedene Motive freihändig auf Backpapier gespritzt werden. Man kann auch Motive mit schwarzem Stift auf ein Blatt malen, unter das Backpapier schieben und die Linien mit dem Spritzbeutel nacharbeiten. Die Motive können mit gespritzten Schnörkeln verziert oder komplett mit Schokolade gefüllt werden.

Bunte Schokolade

Geschmolzene weiße Schokolade kann man mit ein wenig flüssiger Lebensmittelfarbe färben. Über eine

Schicht Bitterschokolade gespritzt, lassen sich damit auffallende Muster gestalten.

Zuckerdekoration

Fertiger Rollfondant kann vor dem Ausformen mit Lebensmittelfarbe (Paste oder Gel) eingefärbt werden. Flüssige Lebensmittelfarbe macht den Rollfondant klebrig und schwierig auszurollen. Die Farbe mit dem Ende eines Cocktailspießes sparsam auf den Zuckerguss auftragen und einkneten. Den Rollfondant dünn ausrollen und mit Ausstechformen Motive ausstechen. Die Dekoration sollte auf einem mit Backpapier ausgelegten Blech bei Zimmertemperatur trocknen und kann dann in einem Plastikbehälter zwischen Papierschichten bis zu 2 Monate aufbewahrt werden. Im Supermarkt, Fachgeschäft oder Internet gibt es neben Lebensmittelfarbe in vielen Ausführungen auch Zuckerdekorationen fertig zu kaufen.

Dekoration aus Blütenblättern

Kleine Blumenblüten aus dem Garten ergeben eine zarte Verzierung für das Mini-Dessert, doch sie müssen unbedingt essbar sein. Blüten von kleinen Veilchen oder Stiefmütterchen, Borretsch und Kräutern eignen sich ebenso wie Rosenblütenblätter und kleine Minzeblätter. Blüten und Blätter mit etwas geschlagenem Eiweiß bestreichen, mit feinem Zucker bestäuben und auf einem mit Backpapier ausgelegten Blech 1 Stunde trocknen lassen. Dann sofort verbrauchen.

Zitrusröllchen

Mit einem Zestenschäler die äußere Schale von Zitronen, Orangen oder Limetten abziehen. Die Zesten mit feinem Zucker bestäuben und über Mousse oder Eiscreme streuen. Für größere Korkenzieher-Zesten muss die Zitrusschale mit einem Sparschäler in einem langen und etwas breiteren Streifen geschnitten werden. Jeden Streifen für 1 Minute um einen Cocktailspieß wickeln. Dann den Spieß herausziehen und die Korkenzieher-Zesten über den Rand der Servierplatte hängen.

Karamellstücke

Heißen Karamell auf Backpapier träufeln und erhärten lassen. Kurz vor dem Servieren in Stücke brechen oder in kleine Stückchen hacken. Man kann auch gehackte Nüsse oder Mandelblättchen unter den noch flüssigen Karamell mischen.

Einleitung

Zum Verwöhnen

Blaubeer-Pancakes mit Ahornsirup

Ergibt 30 Stück
Zubereiten: 20 Minuten
Backen: 10–15 Minuten

Diese mundgerechten Pancakes sind bei Jung und Alt beliebt. Sie sind zwar schnell zubereitet, aber mindestens genauso schnell verputzt. Passen Sie auf, dass Sie nicht zu kurz kommen!

175 g Mehl

1 TL Backpulver

½ TL Speisenatron

1 EL Feinstzucker

2 Eier, getrennt

fein abgeriebene Schale von 1 Zitrone und Saft von ½ Zitrone

250 ml Milch

115 g Blaubeeren

Sonnenblumenöl, zum Ausbacken

Ahornsirup, zum Servieren

Crème fraîche, zum Servieren (nach Belieben)

1. Mehl, Backpulver und Speisenatron in einer Rührschüssel mit dem Zucker vermengen. In einer zweiten Rührschüssel das Eiweiß steif schlagen.

2. Eigelb, Zitronenschale und -saft unter das Mehl mischen und langsam die Milch mit dem Schneebesen einrühren, bis der Teig glatt ist. Erst 1 Löffel Eischnee, dann den ganzen Eischnee einrühren. Die Blaubeeren in den Teig geben und vorsichtig unterheben.

3. Ein wenig Öl auf mittlerer Stufe in einer großen Pfanne erhitzen. Wenn das Öl heiß ist, Portionen von je 1 gehäuften Teelöffel Blaubeerteig mit genügend Abstand voneinander in die Pfanne geben. 2–3 Minuten backen, bis die Oberfläche Blasen wirft und die Unterseite goldbraun ist. Die Pancakes umdrehen und 1–2 Minuten von der anderen Seite goldbraun backen.

4. Die Pancakes aus der Pfanne heben und warm halten. Jeweils 10 Pancakes auf einmal aus dem restlichen Teig backen, bis der Teig aufgebraucht ist. Bei Bedarf Öl nachgießen.

5. Die Pancakes – etwa 4–5 Stück pro Portion – auf Desserttellern anrichten. Mit Ahornsirup beträufeln und ein Kännchen Ahornsirup dazu reichen. Nach Belieben die Pancakes mit je 1 Teelöffel Crème fraîche garnieren.

Zum Verwöhnen

Mandel-Kirsch-Törtchen

Ergibt 18 Stück
Zubereiten: 25 Minuten
Backen: 12–15 Minuten

55 g weiche Butter, plus etwas mehr zum Einfetten

55 g Feinstzucker

55 g Mehl

½ TL Backpulver

25 g gemahlene Mandeln

1 Ei

einige Tropfen Mandelaroma

18 frische Kirschen, entsteint, oder 18 eingemachte Kirschen

25 g Mandelblättchen

Puderzucker, gesiebt, zum Bestäuben

Crème fraîche, zum Servieren (nach Belieben)

Mit frischen Kirschen zubereitet, sind diese Törtchen ein wahrer Genuss, aber Sie können auch abgetropfte eingemachte Kirschen verwenden. Servieren Sie sie noch warm direkt aus dem Ofen, mit einem Klecks Crème fraîche dazu, wenn Sie mögen.

1. Den Backofen auf 180°C vorheizen. Eine Mini-Muffinform für 18 Törtchen leicht mit Butter einfetten.

2. Butter, Zucker, Mehl, Backpulver und Mandeln in eine Rührschüssel geben und verrühren. Ei und Mandelaroma zufügen und kurz mit einem Holzlöffel glatt rühren.

3. Den Teig in die Vertiefungen der Backform füllen und 1 Kirsche auf jedes Törtchen drücken. Mit Mandelblättchen bestreuen. 12–15 Minuten im vorgeheizten Ofen backen, bis die Törtchen aufgegangen sind und sich fest anfühlen.

4. Aus dem Ofen nehmen und 5 Minuten in der Backform abkühlen lassen, dann mit einem Messer auslösen und auf einem Kuchengitter auskühlen lassen. Mit Puderzucker bestäuben und lauwarm mit 1 Löffel Crème fraîche servieren.

Zum Verwöhnen

Crumble mit Beeren und Haferflocken

Ergibt 8 Portionen
Zubereiten: 20 Minuten
Backen: 20 Minuten

Diese hausgemachten kleinen Desserts kommen immer gut an. Man kann eine doppelte Portion Streusel vorbereiten und die Hälfte für den späteren Gebrauch einfrieren. Er kann gefroren gebacken werden.

450 g rote Pflaumen, entsteint und gewürfelt

115 g Himbeeren

25 g Muskovado-Zucker

3 EL Wasser

fertig zubereitete Puddingcreme, zum Servieren

STREUSEL

85 g Mehl

20 g Haferflocken

20 g Gerstenflocken

40 g Muskovado-Zucker

40 g kalte Butter, gewürfelt

1. Den Backofen auf 180°C vorheizen. Pflaumen, Himbeeren, 25 g Zucker und Wasser in einen Topf geben. Abdecken und 5 Minuten köcheln, bis das Obst weich ist.

2. Für den Belag Mehl, Haferflocken, Gerstenflocken und Zucker in einer Rührschüssel vermengen. Die Butterstückchen mit den Fingern einkneten, bis feine Streusel entstehen.

3. Die Obstmischung in 8 metallene Pudding- oder Dessertbackformen von etwa 150 ml Fassungsvermögen füllen und auf ein Backblech stellen. Die Streusel darüber verteilen.

4. 15 Minuten im vorgeheizten Ofen backen, bis die Streusel goldbraun sind. Die Crumble-Törtchen aus dem Ofen nehmen und 5–10 Minuten abkühlen lassen. Anschließend mit etwas Puddingcreme servieren.

Zimtapfelringe mit feiner Brombeersauce

Ergibt 30 Stück
Zubereiten: 30 Minuten
Backen: 20–35 Minuten

Ein Rezept unserer Großmütter aus stets griffbereiten Zutaten. Tiefgefrorene Brombeeren ergeben eine köstliche Sauce dazu. Alternativ kann man auch andere tiefgefrorene Beeren verwenden – Himbeeren oder Schwarze Johannisbeeren passen ebenso gut.

8 kleine Äpfel

150 g Brombeeren

125 ml Wasser

6 EL Feinstzucker

150 g Mehl

1 große Prise Zimtpulver

1 Ei, getrennt

150 ml Milch

1 l Sonnenblumenöl

1. 2 Äpfel vierteln, vom Kerngehäuse befreien, würfeln und in einen Topf mit dickem Boden legen. Brombeeren, Wasser und 1 Esslöffel Zucker hinzufügen. Abdecken und 5–10 Minuten köcheln, bis die Äpfel weich sind. Mit einem Stabmixer pürieren und durch ein Sieb in eine Schüssel streichen, um die Brombeerkerne aufzufangen. Mit Frischhaltefolie abdecken und beiseitestellen.

2. Die restlichen Äpfel schälen und vom Kerngehäuse befreien. Dann in feine Ringe schneiden und mit 40 g Mehl in eine Plastiktüte geben. Die Tüte verschließen und schütteln, damit die Apfelringe rundum dünn mit Mehl bedeckt werden.

3. Das restliche Mehl in eine Rührschüssel geben. 1 Esslöffel Zucker, 1 Prise Zimt und Eigelb zufügen. Mit dem Schneebesen langsam die Milch unterrühren, bis die Mischung glatt ist.

4. In einer zweiten großen Rührschüssel das Eiweiß steif schlagen. Dann unter die Mehlmischung heben.

5. Das Öl in einen Topf gießen – er sollte höchstens halb voll sein. Auf 160°C erhitzen. Das Öl muss Blasen werfen, wenn man etwas Teig hineingibt. Einen Teller mit Küchenpapier auslegen.

6. Überschüssiges Mehl von den Apfelringen abschütteln. Dann die Ringe in den Teig tauchen und mit 2 Gabeln wieder herausheben. Überschüssigen Teig abtropfen lassen und vorsichtig 4–5 Apfelringe ins heiße Öl geben. 2–3 Minuten goldbraun backen. Mit einem Schaumlöffel aus dem Öl heben und auf die Teller mit Küchenpapier legen. Die restlichen Apfelringe portionsweise ausbacken.

7. Die gebackenen Apfelringe mit dem restlichen Zucker bestreuen und mit der Brombeersauce servieren.

Gefüllte Sandwichkekse

Ergibt 18 Stück
Zubereiten: 25 Minuten
Backen: 12–15 Minuten

Diese Nascherei wird in Amerika und Kanada traditionell am offenen Lagerfeuer zubereitet. In diesem Rezept verwenden wir selbst gemachte Butterkekse, mit Marshmallows aufeinandergeschichtet und mit geschmolzener Schokolade überzogen.

etwas Sonnenblumenöl, zum Einfetten

175 g Mehl, plus etwas mehr zum Bestäuben

2 TL Backpulver

55 g mittelgrobes Haferflockenmehl

55 g Feinstzucker

40 g kalte Butter, gewürfelt

2 Eigelb

200 g Bitterschokolade, in Stücke gebrochen

18 Marshmallows

1. Den Backofen auf 180°C vorheizen. 2 Backbleche mit Öl einfetten.

2. Mehl, Backpulver, Haferflockenmehl und Zucker in einer Rührschüssel vermengen. Die Butterstückchen mit den Fingern einkneten, bis feine Streusel entstehen. Das Eigelb unterrühren und den Teig mit den Händen zu einer Kugel formen.

3. Eine Arbeitsfläche mit Mehl bestäuben. Den Teig leicht kneten und dünn ausrollen. Kreisförmige Portionen von 6 cm Durchmesser aus dem Teig ausstechen und auf die vorbereiteten Backbleche legen. Den restlichen Teig wieder zu einer Kugel formen, dünn ausrollen und weitere runde Keksformen ausstechen. So verfahren, bis der Teig aufgebraucht ist.

4. 12–15 Minuten im vorgeheizten Ofen backen, bis die Kekse goldbraun sind. Anschließend leicht abkühlen lassen.

5. Die Hälfte der Kekse je mit 1 Stückchen Schokolade belegen, die andere Hälfte mit einem Marshmallow. 1–2 Minuten ruhen lassen, bis die Schokolade zu schmelzen beginnt. Dann die Kekse paarweise so aufeinander-setzen, dass die Marshmallows in der Mitte sind und die Schokolade oben. Warm oder kalt servieren.

Orangen-Soufflés mit Schokolade und Orangensauce

Ergibt 12 Stück
Zubereiten: 25 Minuten
Backen: 20–25 Minuten

Heiße Soufflés zu servieren ist wie ein kleiner Auftritt auf der Theaterbühne: Sie gehen im Ofen ganz spektakulär schnell auf und fallen genauso schnell wieder in sich zusammen. Kündigen Sie Ihren Gästen das Dessert an, geben Sie schnell ein wenig Puderzucker über die Soufflés und dann – servieren sie unter Applaus.

25 g Butter, zum Einfetten

115 g Zucker, plus etwas mehr zum Bestreuen

3 Eier, getrennt, plus 1 Eiweiß

40 g Mehl

225 ml Milch

fein abgeriebene Schale von 1 großen Orange

5 EL Orangensaft, oder 3 EL Orangensaft und 2 EL Cointreau

1 große Prise Zimtpulver

Puderzucker, gesiebt, zum Bestäuben

SAUCE

150 g Bitterschokolade, grob gehackt

4 EL Orangensaft

2 EL Feinstzucker

1. 12 ofenfeste kleine Kaffeetassen (mit etwa 125 ml Fassungsvermögen) mit Butter einfetten und mit 2 Esslöffeln Zucker bestreuen, dabei wenden, damit der Zucker gleichmäßig anhaftet. Auf einem Backblech beiseitestellen.

2. Die Hälfte des Zuckers in einer Rührschüssel mit dem gesamten Eigelb 2 Minuten mit dem Mixer schlagen, bis die Mischung dickflüssig und blass ist. Das Mehl darübersieben und unterheben.

3. Die Milch in einem Topf zum Kochen bringen und langsam in die Mischung rühren. Dann alles zurück in den Topf gießen und auf kleiner Stufe unter ständigem Rühren köcheln, bis die Flüssigkeit angedickt und glatt ist.

4. Die Soufflé-Mischung vom Herd nehmen und mit dem Schneebesen Orangenschale und -saft, Cointreau (falls gewünscht) sowie Zimt einrühren. Mit Frischhaltefolie abdecken und abkühlen lassen.

5. Den Backofen auf 190°C vorheizen. In einer großen Rührschüssel das Eiweiß steif und glänzend schlagen. Langsam den restlichen Zucker teelöffelweise in den Eischnee einarbeiten. Den Eischnee unter die abgekühlte Soufflé-Mischung heben und auf die 12 vorbereiteten Tassen verteilen. Sie sollten zu drei Vierteln gefüllt sein. Im vorgeheizten Ofen 15–20 Minuten backen, bis die Soufflés aufgegangen sind und die Oberfläche goldbraun ist.

6. Inzwischen für die Sauce Schokolade, Orangensaft und Zucker in einer hitzebeständigen Schüssel über einen Topf mit leicht köchelndem Wasser setzen und von Zeit zu Zeit umrühren, bis die Schokolade geschmolzen ist. Die Sauce in ein Kännchen gießen.

7. Die fertigen Soufflés schnell servieren, mit Puderzucker bestäuben und mit warmer Schokoladensauce beträufeln.

Cranberrydessert mit Knuspermüsli

Ergibt 10 Portionen
Zubereiten: 20 Minuten
Backen: 13–15 Minuten

Diese Mischung aus herbem Cranberrykompott, cremigem griechischem Joghurt und knusprigem Müsli ist ein tolles Dessert oder süßes Etwas auf einer Party. Sie können etwas mehr Müsli zubereiten und es in kleinen Schälchen als Alternative zu Chips reichen.

etwas Sonnenblumenöl, zum Einfetten

2 EL Sesamsaat

2 EL Kürbiskerne

25 g Haferflocken

25 g Mandelblättchen

40 g Butter

2 EL flüssiger Honig

2 EL Muskovado-Zucker

250 g griechischer Joghurt (Natur oder Honiggeschmack)

CRANBERRYKOMPOTT

2 TL Speisestärke

85 g Muskovado-Zucker

Saft von 1 großen Orange

200 g gefrorene Cranberrys

1. Den Backofen auf 180°C vorheizen. Eine große Backform oder ein Backblech mit Öl einfetten.

2. Sesam, Kürbiskerne, Haferflocken und Mandeln in einer Schüssel vermengen. Butter, Honig und Zucker in einem Topf erhitzen, bis die Butter geschmolzen und der Zucker aufgelöst ist. Vom Herd nehmen und die Körnermischung einrühren. Auf dem Backblech zu einer dünnen, gleichmäßigen Schicht ausstreichen. 8–10 Minuten im vorgeheizten Ofen backen. Nach der Hälfte der Zeit wenden und die gebräunten äußeren Ecken in die Mitte schieben. In der Backform oder auf dem Blech auskühlen lassen.

3. Für das Cranberrykompott Speisestärke, Zucker und Orangensaft in einem Topf auf mittlerer Stufe erhitzen. Ständig rühren, bis alles aufgelöst ist. Die gefrorenen Cranberrys zufügen und ohne Deckel 5 Minuten kochen, bis die Früchte weich sind und die Flüssigkeit andickt. Abkühlen lassen.

4. Die Hälfte des Müslis zerbröseln und den Rest in Stücke brechen. In 10 Schnapsgläser jeweils 1 Schicht Müsli streuen, darauf 1 Löffel Joghurt und 1 Schicht Kompott geben. Die Schichten wiederholen und mit Kompott abschließen. Mit Müsli-Bruchstücken garnieren. Übrige Müsli-Bruchstücke können in einem zusätzlichen Schälchen dazu gereicht werden.

Schokotörtchen mit Karamellsauce

Ergibt 10 Portionen
Zubereiten: 25 Minuten
Kühlen: 1 Stunde oder über Nacht
Backen: 17–20 Minuten

Dieser französische Klassiker lässt sich gut im Voraus zubereiten und 24 Stunden im Kühlschrank lagern. Das Geheimnis liegt in der genauen Beachtung der Backzeit. Kosten Sie ein Törtchen vor dem Servieren – es muss auf der Oberfläche knusprig und innen weich-schmelzend sein.

150 g Butter

4 EL Kakaopulver

150 g Bitterschokolade, grob gehackt

2 Eier und 2 Eigelb

125 g Feinstzucker

25 g Mehl

Puderzucker, gesiebt, zum Bestäuben

KARAMELLSAUCE

55 g Butter

55 g Muskovado-Zucker

1 EL flüssiger Honig

150 g Schlagsahne

1. 25 g Butter in einem kleinen Topf zerlassen und 10 Auflaufförmchen damit einpinseln. Etwas Kakaopulver in jedes Förmchen sieben und durch Schwenken gleichmäßig an den Seitenwänden verteilen. Überschüssigen Kakao abklopfen.

2. Schokolade und restliche Butter in eine hitzebeständige Schüssel geben, über einen Topf mit köchelndem Wasser setzen und von Zeit zu Zeit umrühren, bis die Schokolade geschmolzen ist.

3. Eier, Eigelb und Zucker in einer Rührschüssel mit dem Schneebesen schlagen, bis die Mischung dickflüssig und schaumig wird und der Schneebesen eine Spur hinterlässt, wenn man ihn anhebt. Das Mehl darübersieben und vorsichtig unterheben.

4. Die geschmolzene Schokolade unter die Eiermischung heben und glatt rühren. In die vorbereiteten Auflaufförmchen geben, abdecken und 1 Stunde oder über Nacht in den Kühlschrank stellen.

5. Für die Karamellsauce Butter, Muskovado-Zucker und Honig in einen Topf mit dickem Boden geben. 3–4 Minuten auf kleiner Stufe erhitzen, bis die Butter geschmolzen und der Zucker aufgelöst ist. Unter Rühren 1–2 Minuten kochen, bis es nach Karamell riecht und die Mischung andickt. Vom Herd nehmen und die Schlagsahne einrühren.

6. Den Backofen auf 180 °C vorheizen. Die Auflaufförmchen aus dem Kühlschrank nehmen und 10 Minuten auf Zimmertemperatur erwärmen. 10–12 Minuten im vorgeheizten Ofen backen, bis die Törtchen gut aufgegangen, an der Oberfläche knusprig und innen noch nicht ganz durchgebacken sind. Falls nötig, die Sauce erneut auf kleiner Stufe erhitzen.

7. Mit gesiebtem Puderzucker bestäuben, servieren und die Karamellsauce in einem Kännchen dazu reichen.

Zum Verwöhnen

Zum Schlemmen

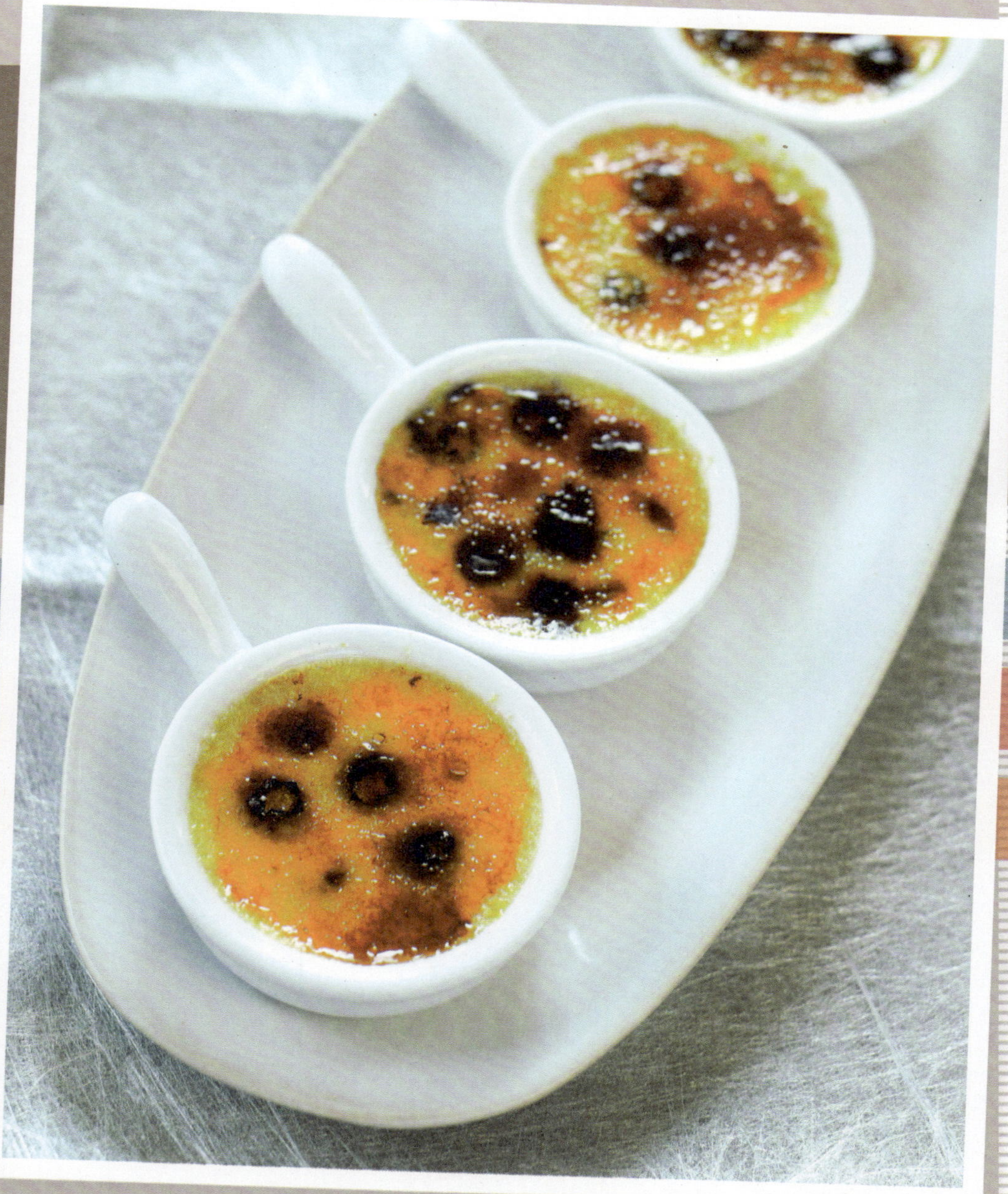

Himbeer-Erdbeer-Pavlovas

Ergibt 20 Stück
Zubereiten: 25 Minuten
Garen: 25-30 Minuten

2 Eiweiß

115 g Feinstzucker

½ TL Speisestärke

½ TL Weißweinessig

BELAG

300 g Schlagsahne

fein abgeriebene Schale und Saft von 1 Limette

3 EL Erdbeermarmelade

200 g Himbeeren

200 g kleine Erdbeeren, entstielt und in Scheiben geschnitten

Verwöhnen Sie Ihre Liebsten mit diesen verführerischen Baisers. Sie können sie im Voraus zubereiten und in einer luftdicht verschlossenen Dose mehrere Tage aufbewahren. Der Belag wird kurz vor dem Servieren zubereitet.

1. Den Backofen auf 140 °C vorheizen. Eine große Backform mit Backpapier auslegen.

2. In einer Rührschüssel das Eiweiß steif und glänzend schlagen. Langsam den Zucker löffelweise in den Eischnee einarbeiten. Wenn der Zucker vollständig eingearbeitet ist, weitere 1-2 Minuten mit dem Schneebesen schlagen, bis der Eischnee dick und glänzend ist.

3. Speisestärke und Essig in einer kleinen Schüssel glatt rühren und unter den Eischnee heben. 20 Häufchen der Eischneemischung in ausreichend Abstand auf das vorbereitete Backblech geben. Jede Portion zu einem 5 cm großen Kreis ausstreichen und mit dem Rücken eines Teelöffels eine kleine Mulde in die Mitte drücken.

4. 25-30 Minuten im vorgeheizten Ofen backen, bis die Baisers etwas Farbe annehmen und leicht vom Backpapier zu nehmen sind. Falls sie noch am Papier haften, einige Minuten länger backen und erneut versuchen, sie anzuheben. Auf dem Papier auskühlen lassen.

5. Für den Belag die Schlagsahne in eine Rührschüssel gießen und steif schlagen, dann die abgeriebene Limettenschale unterheben. 1 Klecks Sahne auf jedes Baiser geben und auf einer Servierplatte anrichten.

6. Marmelade und Limettensaft in einen kleinen Topf mit dickem Boden geben und auf niedriger Stufe erhitzen, bis die Marmelade gerade geschmolzen ist. Himbeeren und Erdbeeren zufügen und leicht abkühlen lassen. Die Früchte auf die Pavlovas geben und servieren.

Zum Schlemmen

Erdbeer-Rosé-Gelee

Ergibt 8 Portionen
Zubereiten: 20 Minuten
Kochen: 5 Minuten
Kühlen: 4 Stunden

Ein hübscher Ausklang für jedes Sommerfest. Falls Sie Rosen im Garten haben, dekorieren Sie die Sahne mit kleinen rosa Rosenblütenblättern anstelle von abgeriebener Zitronenschale.

150 g kleine Erdbeeren, entstielt und in Scheiben geschnitten

1½ EL Feinstzucker

3 EL Wasser

2 TL Gelatinepulver

200 ml Rosé

BELAG

1½ EL Feinstzucker

2 EL Rosé

fein abgeriebene Schale von 1 Zitrone

150 g Schlagsahne

1. Erdbeeren und Zucker in eine Rührschüssel geben und vermengen.

2. Das Wasser in eine hitzebeständige Schüssel geben und das Gelatinepulver hineinstreuen – es muss ganz aufgesogen werden. 5 Minuten ruhen lassen. Die Schüssel über einen Topf mit leicht siedendem Wasser setzen und 5 Minuten erhitzen. Von Zeit zu Zeit umrühren, bis die Flüssigkeit klar ist (siehe Seite 7).

3. Die gezuckerten Erdbeeren auf 8 kleine Champagner- oder Likörgläser verteilen. In einem Messbecher 200 ml Rosé abfüllen und die Gelatine hineinrühren, dann über die Gläser verteilen. Abdecken und 4 Stunden in den Kühlschrank stellen, bis die Gelatine angedickt ist.

4. Für den Belag Zucker, Wein und die Hälfte der Zitronenschale in einer kleinen Schüssel vermengen. Die Sahne in einer Rührschüssel steif schlagen. Die Weinmischung zufügen und noch einmal kurz schlagen, bis die Sahne wieder steif ist. Die Zitronensahne mit dem Löffel in die Mitte der Gläser geben und mit der restlichen Zitronenschale garnieren.

Käsetörtchen mit Himbeerwelle

Ergibt 12 Stück
Zubereiten: 30 Minuten
Kochen: 5 Minuten
Kühlen: 3 Stunden

55 g Butter

115 g Butterkekse oder Vollkornkekse, zerbröselt

3 EL Wasser

2 TL Gelatinepulver

150 g Himbeeren, plus 24 zum Garnieren

150 g Schlagsahne

150 ml fertiger Vanillepudding

¼ TL Vanilleextrakt

Eine Silikonbackform macht das Auslösen dieser verführerischen Dessertküchlein zum Kinderspiel. Das gewellte Muster ist ganz leicht herzustellen und schindet mächtig Eindruck.

1. Die Butter in einem Topf zerlassen und die Keksbrösel hineinrühren. In 2 Silikonbackformen für je 6 Muffins mit 4 cm Bodendurchmesser die Vertiefungen mit der Keksmischung belegen. Mit dem Rücken eines Teelöffels fest andrücken und in den Kühlschrank stellen.

2. Das Wasser in einer hitzebeständigen Schüssel mit Gelatinepulver bestreuen – es muss ganz aufgesogen werden. 5 Minuten ruhen lassen. In der Zwischenzeit 150 g Himbeeren pürieren und durch ein Sieb in eine Schüssel drücken. Die Gelatineschüssel über einem Topf mit leicht siedendem Wasser 5 Minuten erhitzen. Von Zeit zu Zeit umrühren, bis die Flüssigkeit klar ist (siehe Seite 7).

3. Die Sahne in einer Rührschüssel steif schlagen. Vanillepudding und Vanilleextrakt unterheben. 1½ Esslöffel Gelatine in das Himbeerpüree rühren und die restliche Gelatine unter die Sahnemischung heben. Die Sahnemischung mit dem Löffel in die Muffinformen füllen, mit dem Löffelrücken gleichmäßig ausstreichen und mit Himbeerpüree bedecken. Mit dem Stiel des Teelöffels Sahne und Himbeerpüree durcheinanderwirbeln. Abdecken und 3 Stunden oder länger im Kühlschrank fest werden lassen.

4. Vor dem Servieren die Desserts mit einem runden Messer rundherum lösen und durch Druck auf die untere Backform herausheben. Mit je 2 Himbeeren garnieren.

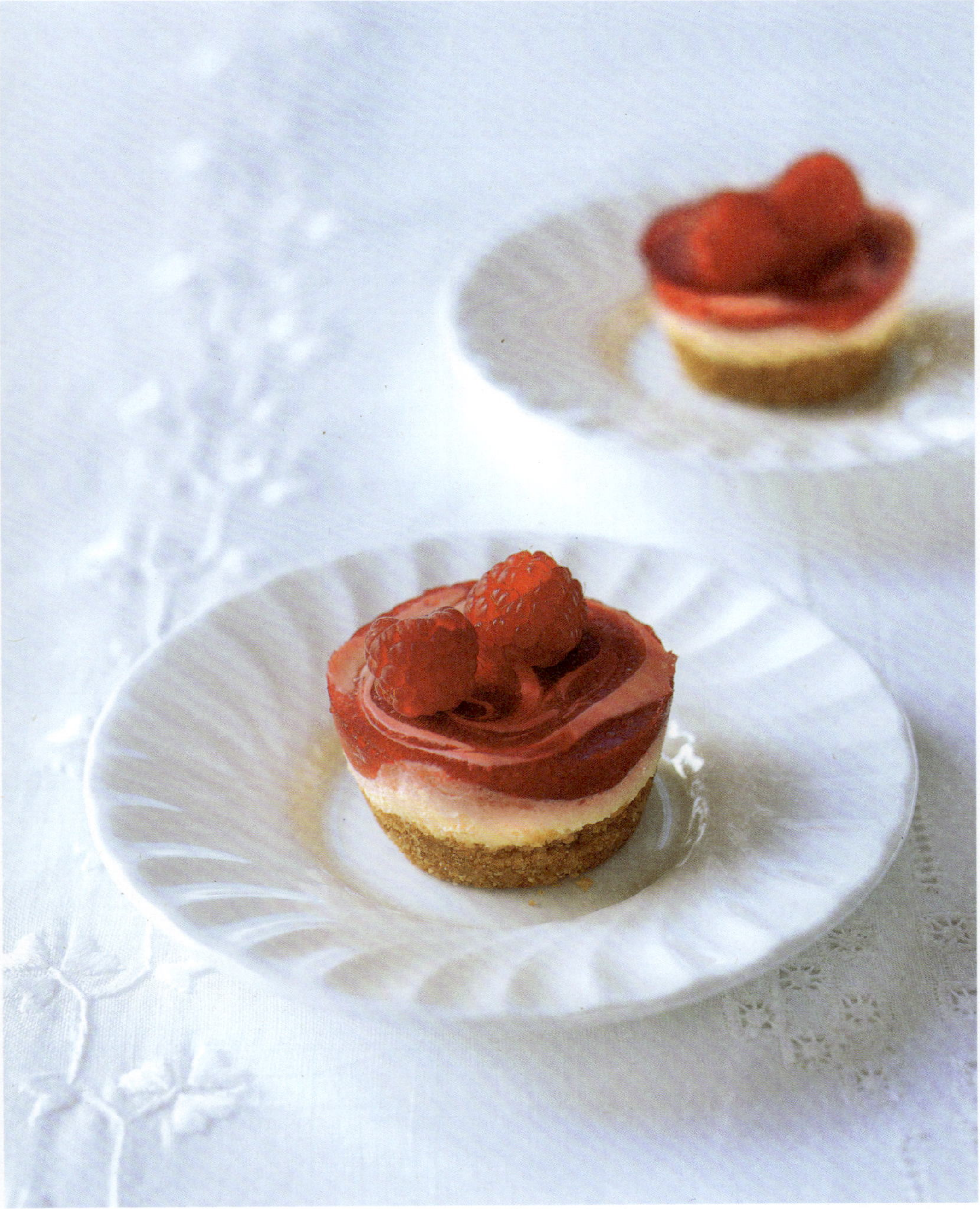

Zitronen-Blaubeer-Duett

Ergibt 10 Stück
Zubereiten: 15 Minuten
Kochen: 5 Minuten
Kühlen: 1–2 Stunden

300 g Schlagsahne

90 g Feinstzucker

fein abgeriebene Schale und Saft von 1 Zitrone, plus abgeriebene Schale von 1 Zitrone, zum Garnieren

1 TL Speisestärke

4 EL Wasser

250 g Blaubeeren

Wenn Sie in aller Eile ein Dessert zubereiten müssen, ist dies genau das richtige. Es ist in 20 Minuten fertig und kann dann bis zum Servieren in den Kühlschrank gestellt werden.

1. Sahne und 75 g Zucker in einen Topf mit dickem Boden geben. Unter Rühren auf kleiner Stufe erhitzen, bis der Zucker aufgelöst ist. Die Hitzezufuhr erhöhen und aufkochen. Dann 1 Minute unter Rühren kochen.

2. Vom Herd nehmen, die Hälfte der fein abgeriebenen Zitronenschale und den ganzen Zitronensaft einrühren. Unter ständigem Rühren 1 Minute kochen, bis die Flüssigkeit leicht andickt. In 10 Schnapsgläser füllen und auskühlen lassen.

3. Restlichen Zucker und fein abgeriebene Zitronenschale in einen kleinen Topf geben, die Speisestärke einrühren und langsam mit dem Wasser vermengen, bis alles glatt ist. Die Hälfte der Blaubeeren zufügen und auf mittlerer Stufe unter Rühren 3–4 Minuten erhitzen, bis die Früchte weich werden und die Sauce andickt.

4. Das Kompott vom Herd nehmen, die restlichen Blaubeeren unterrühren und abkühlen lassen. Gläser und Blaubeerkompott mit Frischhaltefolie abdecken und 1–2 Stunden in den Kühlschrank stellen.

5. Vor dem Servieren die Blaubeeren umrühren und mit dem Löffel in die Gläser füllen. Mit abgeriebener Zitronenschale garnieren.

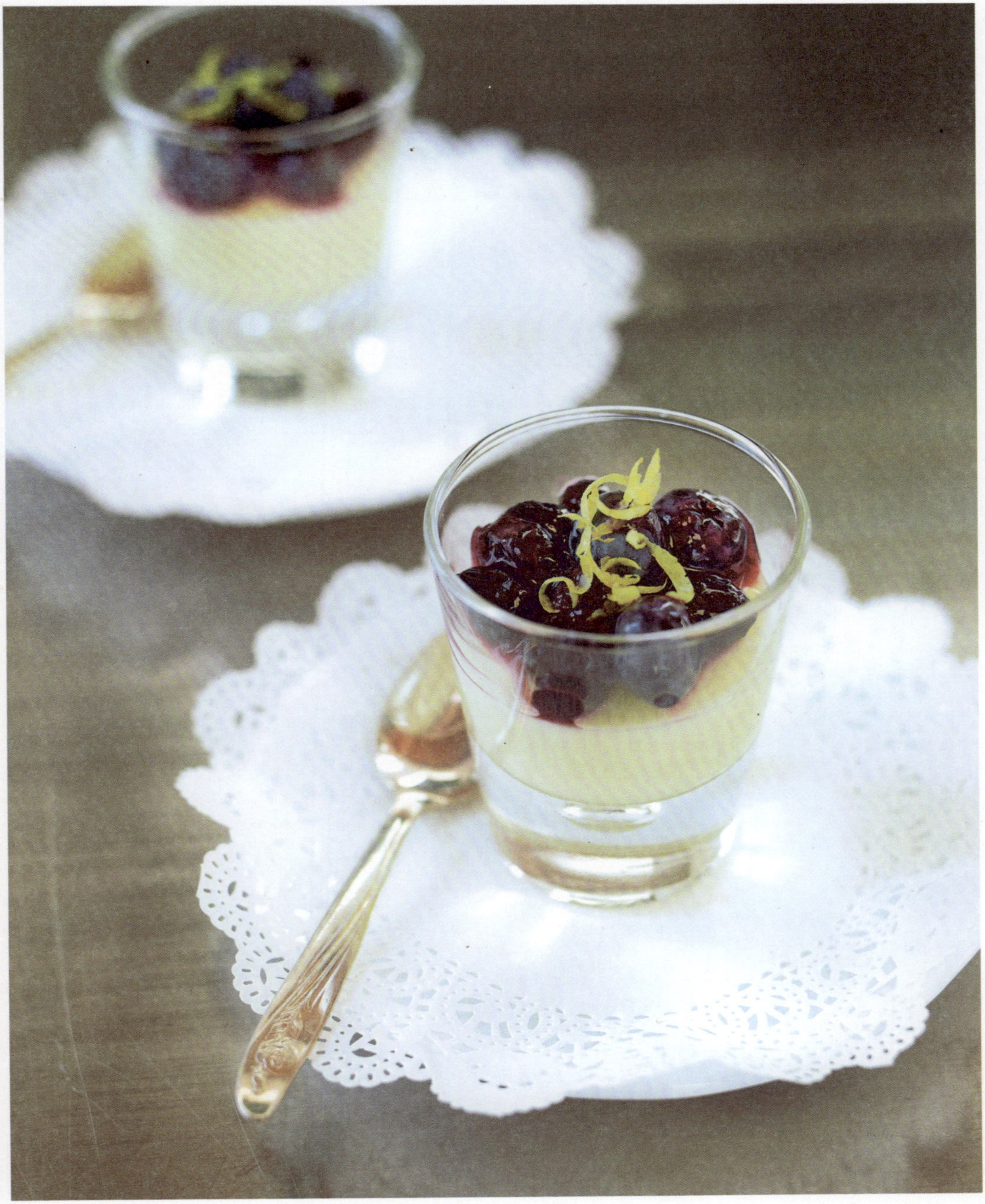

Käsekuchen mit weißer Schokolade und Erdbeeren

Ergibt 40 Stücke
Zubereiten: 30 Minuten
Garen: 45–50 Minuten
Kühlen: über Nacht

Dieser beliebte amerikanische Cheesecake schmeckt noch besser, wenn er einen Tag durchgezogen ist.

BISKUIT

55 g weiche Margarine

55 g Feinstzucker

55 g Mehl

½ TL Backpulver

1 Ei

KÄSEKUCHEN

200 g weiße Schokolade, grob gehackt

600 g Doppelrahm-Frischkäse

85 g Feinstzucker

1 TL Vanilleextrakt

200 g Schlagsahne

4 Eier

BELAG

250 g Crème fraîche

10 Erdbeeren, entstielt und geviertelt

55 g weiße Schokolade, mit einem Sparschäler geraspelt

1. Den Backofen auf 180 °C vorheizen. Eine eckige Springform von 30 cm x 20 cm x 5 cm Größe mit Backpapier auslegen. Das Papier an den Ecken einschneiden und in die Form drücken, um Boden und Seiten zu bedecken.

2. Alle Zutaten für den Biskuit in eine Rührschüssel geben und mit einem Holzlöffel glatt rühren. Den Teig in die vorbereitete Backform geben und gleichmäßig dünn ausstreichen. 10–12 Minuten im vorgeheizten Ofen backen, bis der Biskuit goldbraun ist und sich fest anfühlt. Aus dem Ofen nehmen und abkühlen lassen. Die Backofentemperatur auf 150 °C reduzieren.

3. Die Schokolade für den Käsekuchen in einer hitzebeständigen Schüssel über einem Topf mit siedendem Wasser erhitzen, bis die Schokolade geschmolzen ist. Kurz umrühren und abkühlen lassen. In der Zwischenzeit Frischkäse, Zucker und Vanilleextrakt in einer Schüssel mit dem Mixer glatt rühren. Nach und nach die Sahne unterschlagen. Die Eier einzeln unterschlagen und jedes Ei erst vollständig einarbeiten, bevor das nächste zugefügt wird. Die geschmolzene Schokolade einrühren.

4. Die Käsekuchenmischung gleichmäßig über den Biskuitboden streichen. 30–35 Minuten im vorgeheizten Ofen backen, bis der Kuchen an den Ecken leicht eingerissen und innen noch etwas weich ist. Die Backofentür leicht öffnen, den Ofen ausstellen und den Kuchen abkühlen lassen.

5. Den Käsekuchen abdecken und über Nacht in den Kühlschrank stellen. Vor dem Servieren aus der Form nehmen, das Backpapier abziehen und in 40 Quadrate schneiden. Auf einem Servierteller anrichten und auf jedes Stückchen 1 Löffel Crème fraîche geben. Darauf je 1 Erdbeerviertel setzen und mit weißen Schokoladenraspeln bestreuen.

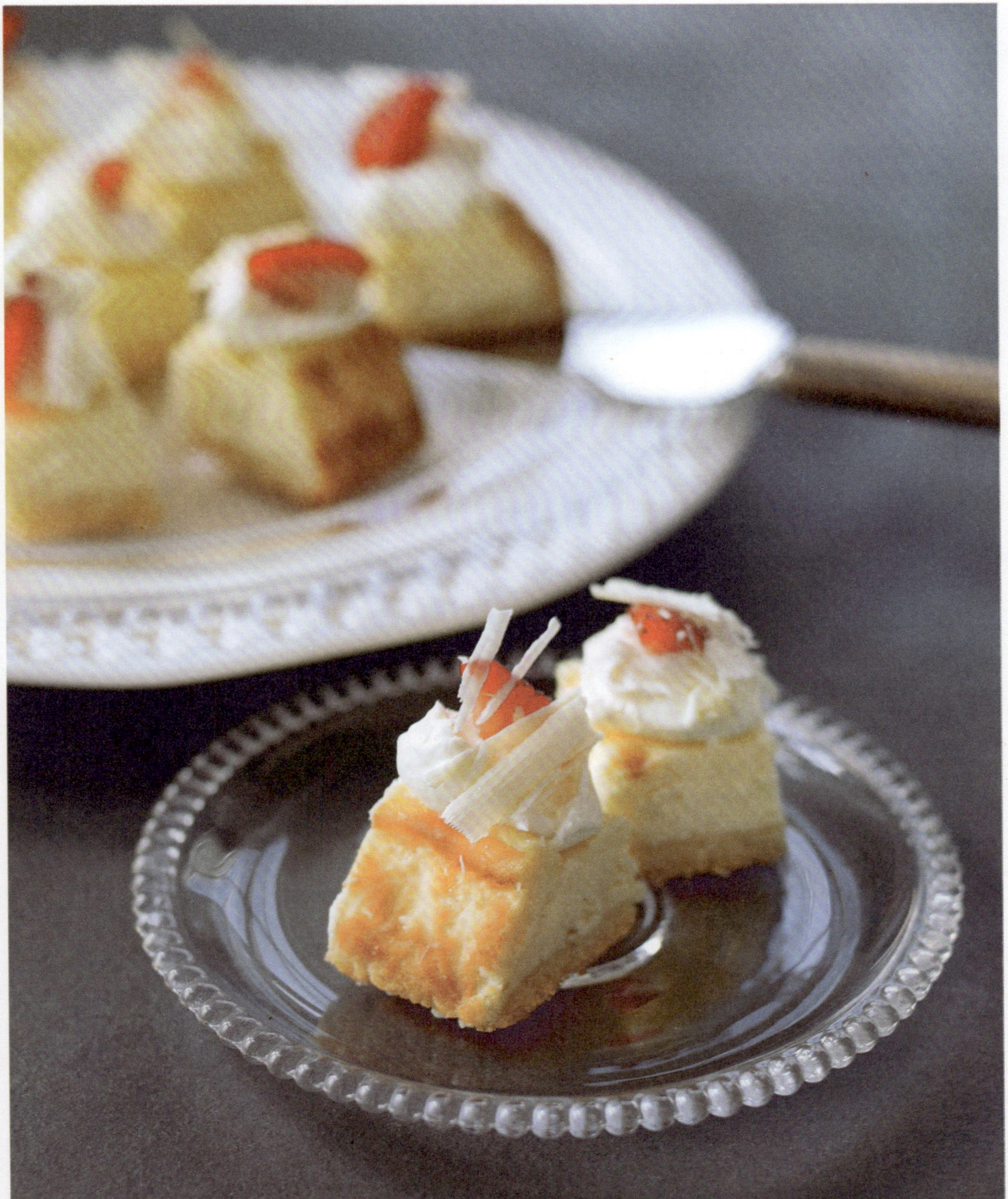

Aprikosen-Schokoladen-Baiser

Ergibt 12 Stück
Zubereiten: 20 Minuten
Backen: 10–13 Minuten

Diese kleinen Baisers sind schnell zubereitet und sehen auf einer Servierplatte angerichtet wunderbar aus. Dieses Rezept kann auch mit Pflaumen zubereitet werden.

6 Aprikosen, halbiert und entsteint

Saft von ½ kleinen Orange

1 Eiweiß

2 EL Feinstzucker

40 g Bitterschokolade, in 12 Stücke gebrochen

1. Den Backofen auf 180 °C vorheizen.

2. Die Aprikosen mit der Schnittseite nach oben auf ein Backblech legen. Die Schnittseite mit Orangensaft beträufeln und 5–8 Minuten im vorgeheizten Ofen backen.

3. In einer großen Rührschüssel das Eiweiß steif und glänzend schlagen. Langsam den Zucker löffelweise in den Eischnee einarbeiten. Wenn der Zucker vollständig eingearbeitet ist, 1–2 Minuten weiterschlagen, bis der Eischnee dick und glänzend ist.

4. Den Eischnee in einen Spritzbeutel mit einer mittelgroßen Sterntülle füllen. In die Mitte jeder Aprikose 1 Stück Schokolade legen.

5. Falls die Aprikosen nicht fest stehen, mit etwas Eischnee darunter an das Backblech kleben. Dann einen Eischneewirbel über die Schokolade auf jeder Aprikose spritzen. 5 Minuten im vorgeheizten Ofen backen, bis das Baiser beginnt, Farbe anzunehmen und soeben gar ist. Einige Minuten abkühlen lassen, dann auf einer Servierplatte anrichten.

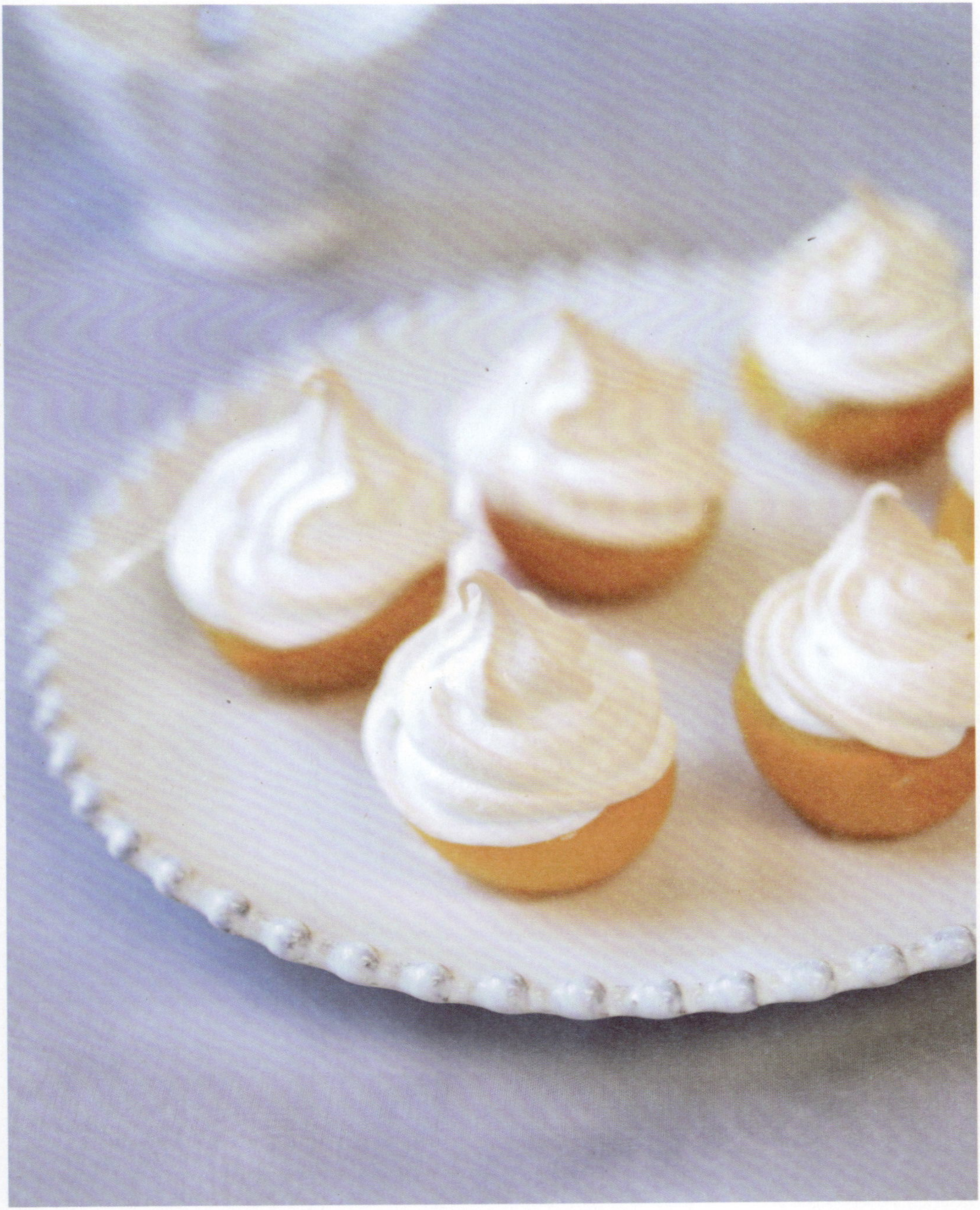

Blaubeer-Brûlée

Ergibt 12 Portionen
Zubereiten: 20 Minuten
Garen: 15 Minuten
Kühlen: 3–4 Stunden

Eine köstliche Crème brûlée in so überschaubaren Portionen, dass sich auch figurbewusste Schlemmer hinreißen lassen – vielleicht sogar zu einer zweiten Portion!

125 g Blaubeeren

4 Eigelb

1 TL Vanilleextrakt

100 g Feinstzucker

300 g Schlagsahne

1. Den Backofen auf 160 °C vorheizen. 12 ofenfeste Auflaufförmchen in eine große Backform stellen und die Blaubeeren auf die Formen verteilen.

2. Eigelb, Vanille und 40 g Zucker mit einer Gabel glatt und cremig schlagen. Die Sahne in einen Topf gießen, zum Kochen bringen und langsam in die Eigelbmischung rühren. Die Mischung durch ein Sieb zurück in den Topf gießen und in ein Kännchen füllen.

3. Die Sahnemischung über die Blaubeeren verteilen. Die Backform so weit mit Wasser füllen, dass die Auflaufförmchen etwa zur Hälfte im Wasser stehen. 15 Minuten im vorgeheizten Ofen garen, bis die Puddingsahne fest ist und nur in der Mitte noch etwas wackelt.

4. 5–10 Minuten abkühlen lassen, dann die Formen aus dem Wasser nehmen und 3–4 Stunden in den Kühlschrank stellen.

5. Vor dem Servieren den verbleibenden Zucker gleichmäßig über die Förmchen streuen und mit einem Brenner oder unter dem Grill karamellisieren.

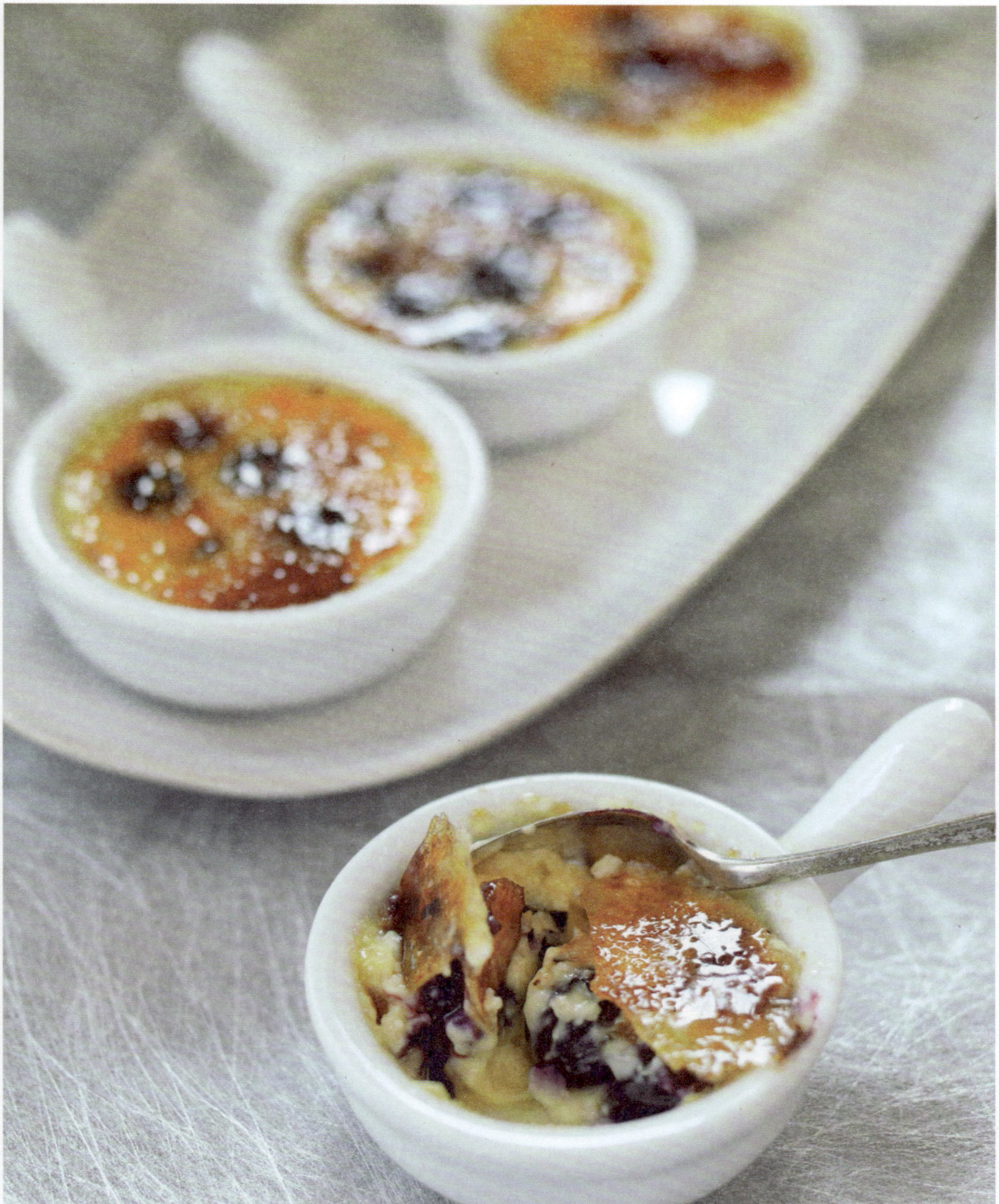

Schokoladen-Ingwer-Kuchen

Ergibt 36 Stück
Zubereiten: 25 Minuten
Kochen: 6–7 Minuten
Kühlen 3–4 Stunden

Dieser Dessertkuchen ist wie gemacht für die Momente, in denen man unbedingt Schokolade braucht. Dunkel, cremig und absolut schokoladig, bietet seine leichte Ingwernote einen guten Kontrast zum knusprigen Biss der zerbröselten Kekse.

55 g Haselnüsse

200 g Bitterschokolade, grob gehackt

100 g Butter

400 g gezuckerte Kondensmilch

225 g Butterkekse oder Vollkornkekse, zerbröselt

150 g getrocknete Aprikosen, gewürfelt

55 g eingelegter Ingwer, abgetropft und fein gehackt

55 g Milchschokolade, grob gehackt

1. Eine flache quadratische Backform von 20 cm Seitenlänge mit Backpapier auslegen. Das Papier an den Ecken einschneiden und in die Form drücken, um Boden und Seiten zu bedecken. Den Backofengrill auf mittlerer Stufe vorheizen. Die Haselnüsse auf einem Backblech ausbreiten und 3–4 Minuten unter dem Grill rösten, bis sie goldbraun sind. Zwischendurch einmal durchschütteln.

2. Bitterschokolade, Butter und Kondensmilch in einen Topf mit dickem Boden geben und ganz langsam erhitzen. Dabei ständig rühren, bis Schokolade und Butter geschmolzen sind. 150 g der Mischung in eine Schüssel füllen und beiseitestellen.

3. Geröstete Haselnüsse, Keksbrösel, getrocknete Aprikosen und Ingwer unter die übrige Schokoladenmischung rühren. Dann in die vorbereitete Backform gießen und gleichmäßig ausstreichen.

4. Mit dem Löffel die beiseitegestellte Schokoladenmischung in einer dünnen und gleichmäßigen Schicht über den Kuchen verteilen. 3 Stunden oder etwas länger in den Kühlschrank stellen, bis der Kuchen fest ist.

5. Die Milchschokolade in eine hitzebeständige Schüssel geben, über einen Topf mit siedendem Wasser setzen und erhitzen, bis die Schokolade geschmolzen ist. Die geschmolzene Schokolade in einen Spritzbeutel aus Backpapier füllen und die untere Spitze abschneiden. Verzierungen auf den gekühlten Kuchen spritzen (siehe Seite 8). Erneut 15 Minuten in den Kühlschrank stellen und anschließend den Kuchen aus der Form lösen. In 36 Quadrate schneiden.

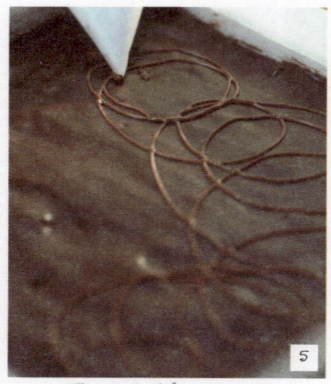

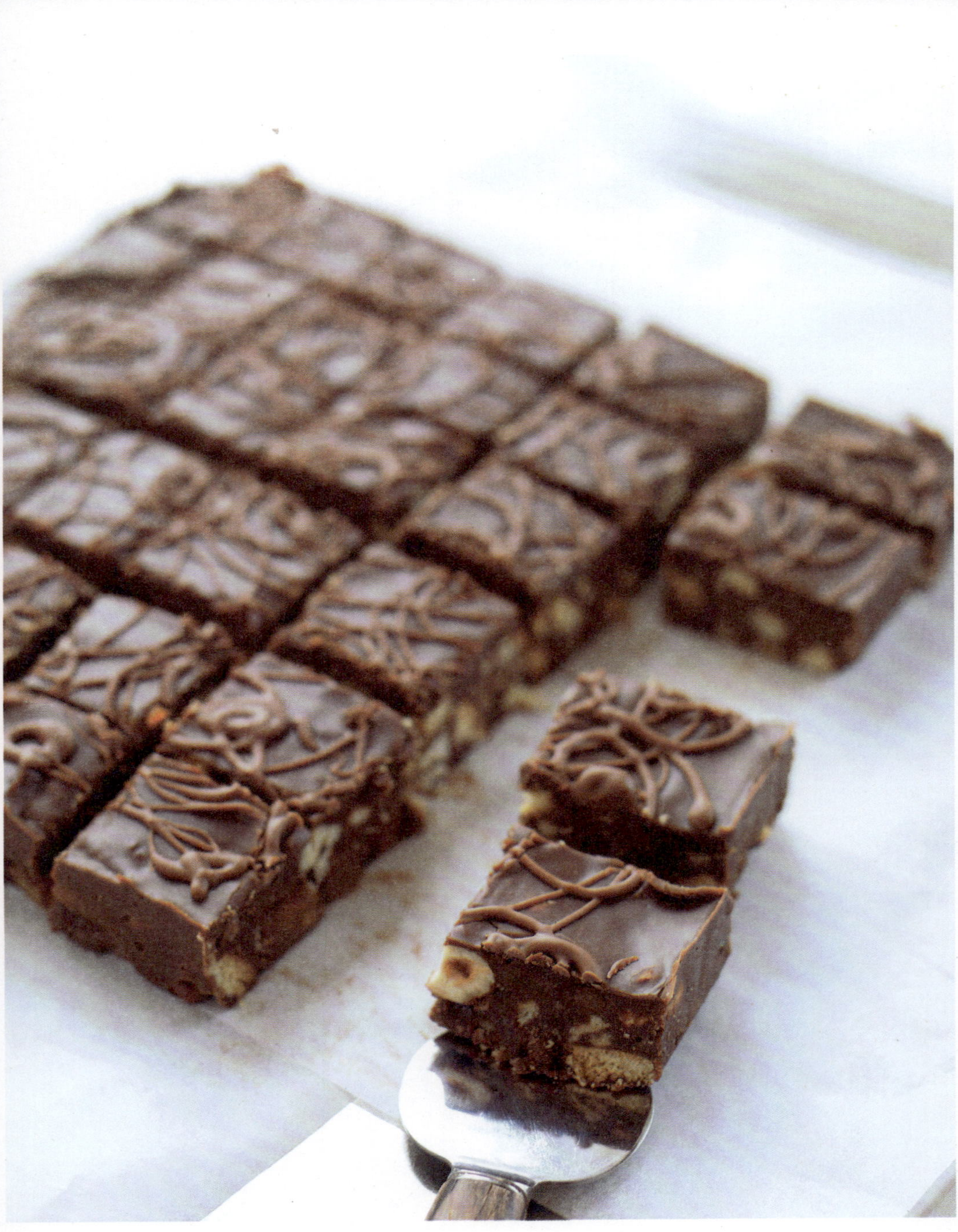

Für den besonderen Anlass

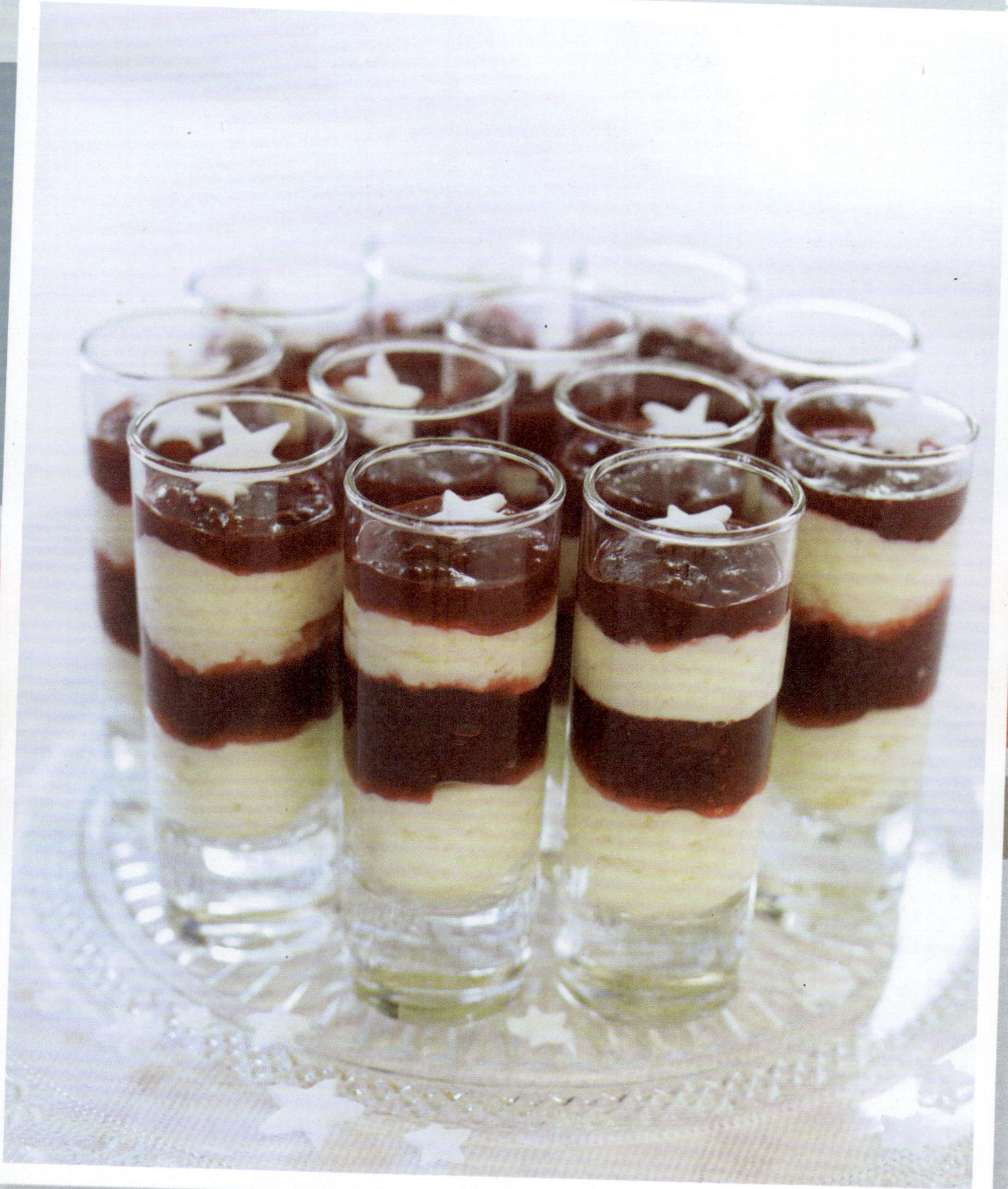

Schoko-Beeren-Törtchen

Ergibt 20 Stück
Zubereiten: 40 Minuten
Backen: 25–30 Minuten

Verwöhnen Sie Ihre Liebsten mit diesen vollmundigen Schokoladen-Herz-Kuchen mit Minze-Erdbeeren und Schokoladencreme-Glasur. Wenn Sie keinen herzförmigen Ausstecher haben, benutzen Sie eine runde Form.

85 g Kakaopulver

250 ml kochendes Wasser

115 g weiche Butter

250 g Muskovado-Zucker

2 Eier, verquirlt

200 g Mehl

1 TL Backpulver

FÜLLUNG

150 g Schlagsahne

115 g Erdbeeren, entstielt und fein gehackt

1 EL fein gehackte frische Minze

1 EL Feinstzucker

GLASUR

150 g Schlagsahne

150 g Bitterschokolade, grob gehackt

1. Den Backofen auf 180 °C vorheizen. Eine quadratische Springform von 25 cm Seitenlänge mit Backpapier auslegen. Das Papier an den Ecken einschneiden und in die Form drücken, um Boden und Seiten zu bedecken.

2. Das Kakaopulver in eine hitzebeständige Schüssel geben und langsam das kochende Wasser einrühren, bis sich eine glatte Paste bildet. Abkühlen lassen.

3. Butter und Muskovado-Zucker in einer Rührschüssel mit dem Mixer leicht schaumig schlagen. Nach und nach die Eier und 1 Esslöffel Mehl zufügen und glatt rühren. Das weitere Mehl und Backpulver darübersieben und unterheben, dann nach und nach den erkalteten Kakao einarbeiten.

4. In die vorbereitete Backform gießen und gleichmäßig ausstreichen. 25–30 Minuten im vorgeheizten Ofen backen, bis der Kuchen aufgegangen ist, sich fest anfühlt und kein Teig mehr haften bleibt, wenn man mit einem Spieß hineinsticht. 10 Minuten abkühlen lassen, aus der Backform nehmen und auf einem Kuchengitter vollkommen auskühlen lassen.

5. Das Backpapier abziehen und mit einem herzförmigen Ausstecher von 5 cm 20 kleine Kuchen ausstechen. Jede Portion horizontal in zwei Hälften schneiden.

6. Die Sahne für die Füllung in einer Rührschüssel steif schlagen. Erdbeeren, Minze und Zucker unterheben und die Mischung über die unteren Hälften der Herzen verteilen, dann die oberen Hälften darauflegen. Die Küchlein auf ein Kuchengitter legen.

7. Die Sahne für die Glasur in einem Topf zum Kochen bringen. Sofort vom Herd nehmen und die Schokolade hineingeben. 5 Minuten ruhen lassen, dann rühren, bis die Mischung glatt und glänzend ist. Weitere 15 Minuten ruhen lassen, bis die Glasur andickt, dann mit einem Löffel über die Kuchen streichen. Fest werden lassen und die Kuchen anschließend auf eine Servierplatte setzen.

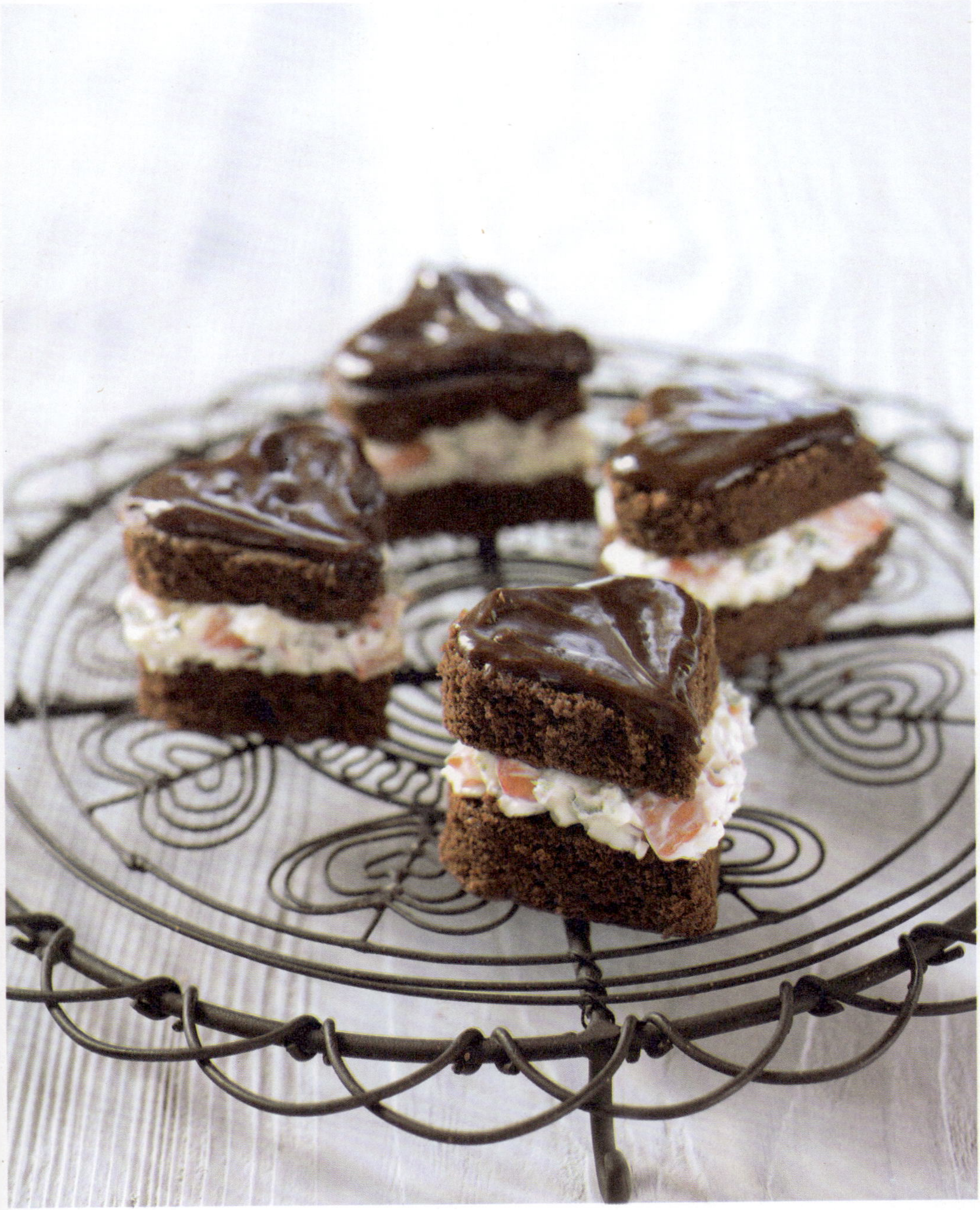

Erdbeer-Minze-Eiscremehörnchen

Ergibt 24 Stück
Zubereiten: 40 Minuten
Garen: 15-20 Minuten
Tiefkühlen: 6 Stunden
20 Minuten

Diese hübschen Hörnchen sind ideal für eine Sommerparty im Familienkreis. Sie können sie einfrieren und zum Beispiel auf einem Kindergeburtstag servieren.

HÖRNCHEN

55 g Butter

2 Eiweiß

115 g Feinstzucker

einige Tropfen Vanilleextrakt

55 g Mehl

EISCREME

115 g Feinstzucker

6 EL Wasser

2 Zweige Minze

450 g Erdbeeren, entstielt und in Scheiben geschnitten, plus einige mehr zum Servieren

3 TL Gelatinepulver

150 g Schlagsahne

1. Den Backofen auf 180 °C vorheizen. 3 Backbleche mit Backpapier auslegen. Es werden 8 metallene Backformen für Hörnchen benötigt oder selbst gemachte Hörnchenformen aus Karton, die mit Backpapier ummantelt sind.

2. Für die Hörnchen die Butter in einem Topf zerlassen. Das Eiweiß in einer großen Rührschüssel schaumig schlagen. Zunächst den Zucker unterschlagen, dann die geschmolzene Butter und die Vanille. Das Mehl darübersieben und glatt rühren. Auf eines der vorbereiteten Backbleche Portionen von 4-5 halben Teelöffeln Teig jeweils zu 5-6 cm großen Kreisen ausstreichen. 3-5 Minuten im vorgeheizten Ofen backen, bis die Ränder goldbraun sind.

3. Kurz aushärten lassen, dann mit einem Palettenmesser vom Backblech lösen und schnell um die Hörnchenformen wickeln. 1-2 Minuten setzen lassen, dann von den Formen ziehen. Weitere Hörnchen backen und formen, bis der Teig aufgebraucht ist, dann abkühlen lassen. Nicht zu viele Teigkreise auf einmal backen, sonst werden sie hart, bevor man sie formen kann.

4. Für die Eiscreme Zucker, 2 Esslöffel Wasser und Minze in einen Topf geben. Vorsichtig erwärmen und ab und zu umrühren, bis der Zucker aufgelöst ist. Die geschnittenen Erdbeeren hineingeben, die Hitze erhöhen und 3 Minuten kochen. Die Minzezweige herausnehmen und die Mischung glatt pürieren. Das Püree durch ein Sieb in eine metallene Backform streichen.

5. Das restliche Wasser in eine hitzebeständige Schüssel geben und das Gelatinepulver hineinstreuen – es muss ganz aufgesogen werden. 5 Minuten ruhen lassen. Die Schüssel über einen Topf mit leicht siedendem Wasser setzen und 5 Minuten erhitzen. Ab und zu umrühren, bis die Gelatine klar ist (siehe Seite 7). Die Gelatine vorsichtig in die pürierten Erdbeeren rühren und abkühlen lassen. Dann 20 Minuten tiefkühlen.

6. Die Sahne steif schlagen. Die Erdbeermischung in eine große Schüssel füllen und einige Minuten mit dem Schneebesen rühren. Die Schlagsahne unter die Erdbeeren heben. Die Hörnchen in kleine Tassen stellen und die Eiscreme hineinspritzen. 6 Stunden oder über Nacht tiefkühlen. Zum Servieren in einer Glasschüssel mit zusätzlichen Erdbeeren anrichten.

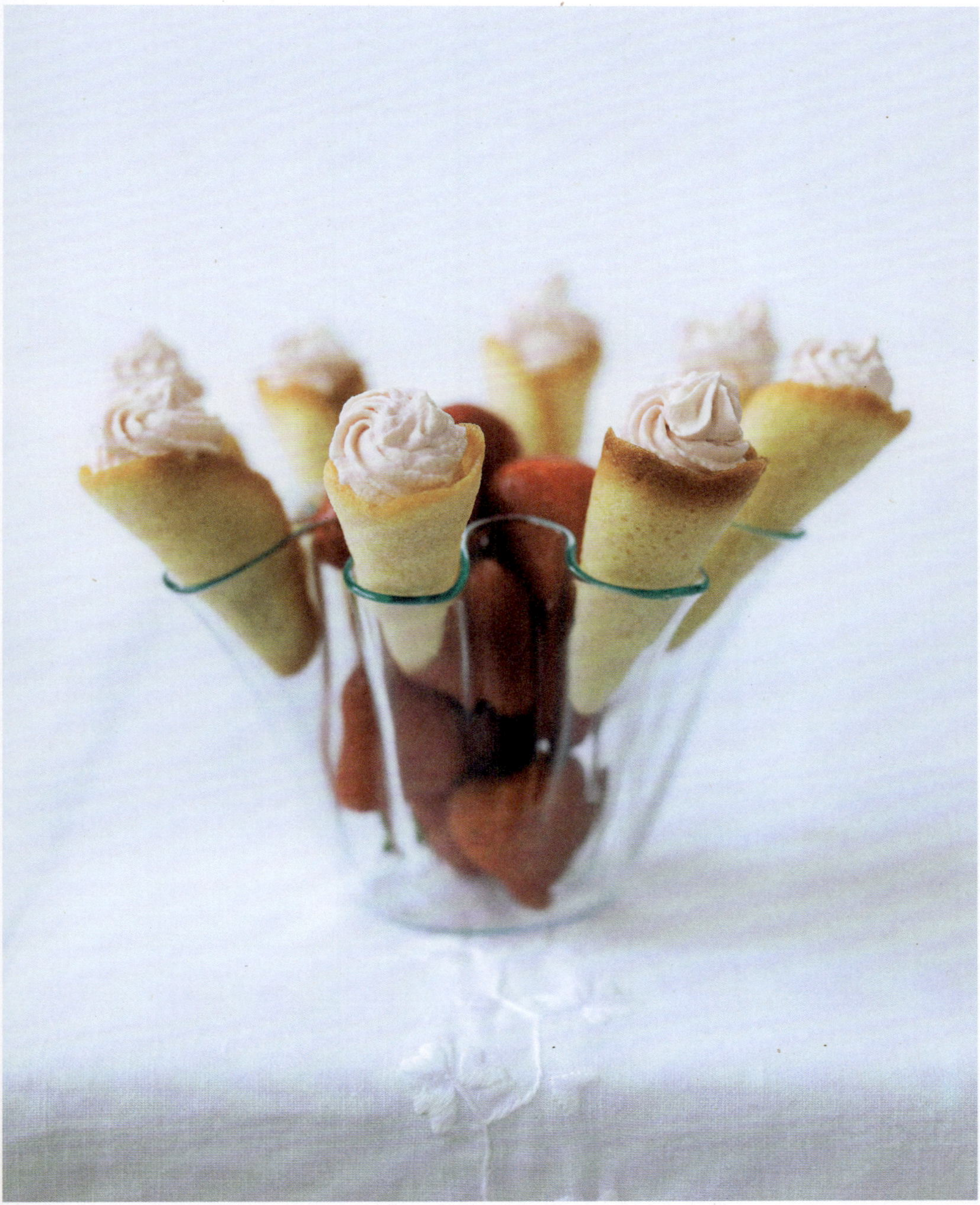

Drei-Schokoladen-Mousse

Ergibt 36 Portionen
Zubereiten: 45 Minuten
Garen: 2 Minuten
Kühlen: über Nacht
Tiefkühlen: 45 Minuten

Diese eleganten Desserthäppchen können einen Tag vor dem Servieren zubereitet oder sogar tiefgekühlt werden. Sie sind leichter zu schneiden, wenn sie nicht ganz aufgetaut sind.

55 g Butter

1 EL Kakaopulver

150 g Butterkekse oder Vollkornkekse, zerbröselt

Milchschokoladenröllchen, zum Garnieren

MOUSSE

4 EL Wasser

4 TL Gelatinepulver

115 g Bitterschokolade, grob gehackt

115 g Milchschokolade, grob gehackt

115 g weiße Schokolade, grob gehackt

125 g Butter

6 EL Milch

6 Eier, getrennt

½ TL Vanilleextrakt

350 g Schlagsahne

1. Eine quadratische Springform von 20 cm Seitenlänge mit 2 langen Bögen Frischhaltefolie kreuzweise auskleiden. Gut andrücken. Die Enden der Frischhaltefolie sollten über den Rand der Springform hängen.

2. Die Butter in einem Topf zerlassen, dann das Kakaopulver und die Keksbrösel hineinrühren. Die Mischung in einer gleichmäßigen Schicht in die Springform drücken. Abdecken und in den Kühlschrank stellen.

3. Das Wasser in eine hitzebeständige Schüssel geben und das Gelatinepulver hineinstreuen – es muss ganz aufgesogen werden. 5 Minuten ruhen lassen. Die Gelatineschüssel über einem Topf mit leicht siedendem Wasser 5 Minuten erhitzen. Ab und zu umrühren, bis die Gelatine klar ist (siehe Seite 7).

4. Jede Schokolade in eine separate hitzebeständige Schüssel füllen und jeweils ein Drittel Butter und 2 Esslöffel Milch zufügen. Jede Schüssel über einen Topf mit leicht siedendem Wasser setzen und erhitzen, bis die Schokolade geschmolzen ist. In jede Schüssel nacheinander 2 Eigelb einrühren und dann vom Herd nehmen.

5. In jede Schüssel 4 Teelöffel aufgelöste Gelatine rühren, die Vanille in die weiße Schokolade mengen. Die Sahne in einer separaten Schüssel steif schlagen. Je ein Drittel der Sahne unter jede Schokolade heben. Das Eiweiß steif schlagen und je ein Drittel unter jede Schokolade ziehen.

6. Die Bitterschokoladenmousse auf die Keksmasse streichen und die Springform 15 Minuten tiefkühlen. Dann die weiße Schokoladenmousse darüber verstreichen und 30 Minuten tiefkühlen. Die Milchschokoladenmousse noch einmal mit dem Schneebesen durchrühren, falls nötig, und als letzte Schicht in der Springform verstreichen.

7. Vor dem Servieren die Mousse aus der Form lösen und dabei vom Boden her drücken. Die Frischhaltefolie lösen. Die Schokoladenmousse mit einem feuchten Messer in 6 Streifen schneiden und jeden Streifen nochmals in 6 kleine Quadrate. Das Messer regelmäßig abstreifen und neu befeuchten. Auf kleinen Tellern servieren und mit Milchschokoladenröllchen garnieren.

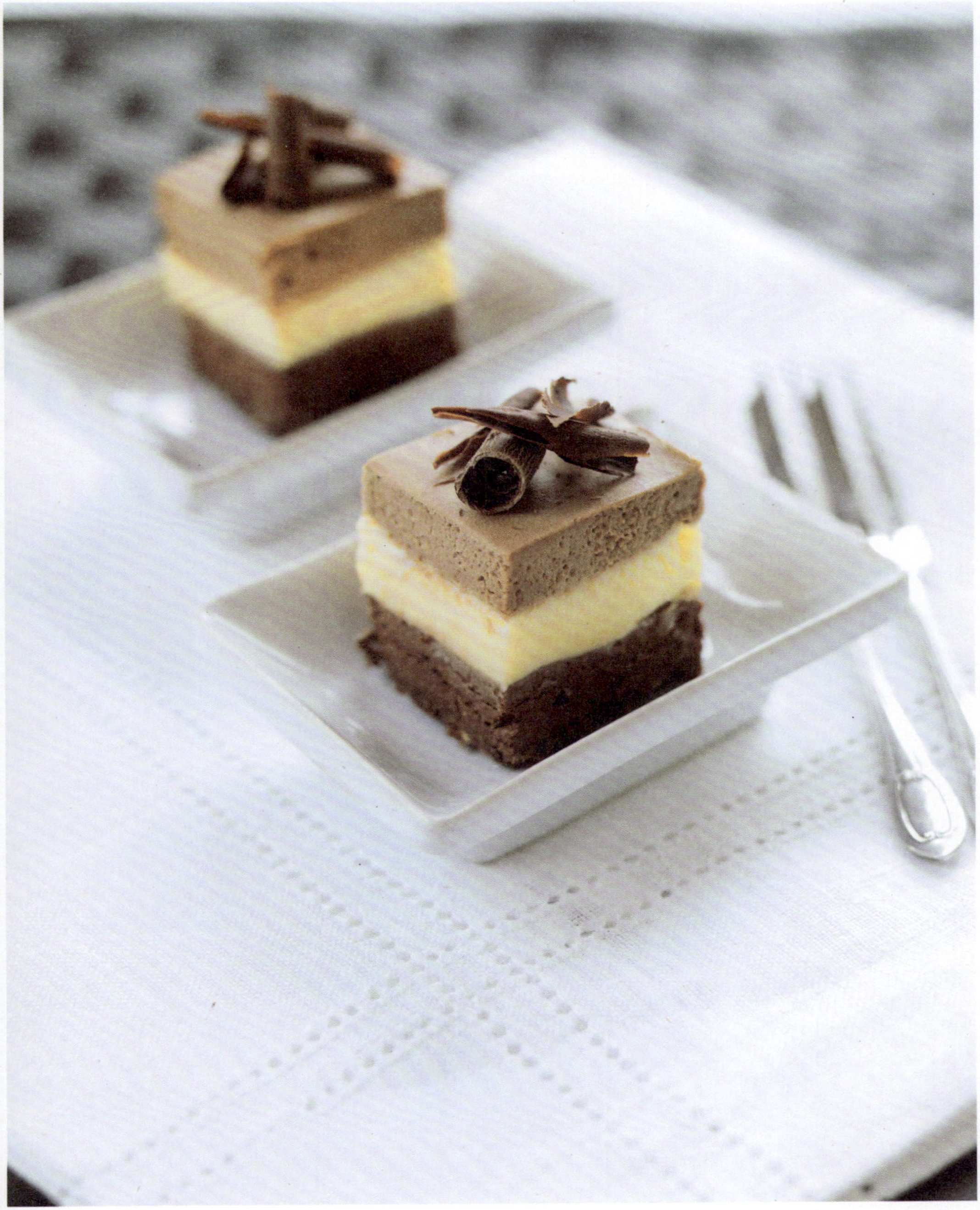

Mürbekeks-Stapel

Ergibt 24 Stapel
Zubereiten: 40 Minuten
Garen: 13–15 Minuten

Kekse und Kompott können einen Tag zuvor zubereitet werden. Dann müssen die Kekse kurz vor dem Servieren nur noch gestapelt werden. Man kann sie anlässlich einer Taufe mit rosa oder blauem Zuckerkonfetti verzieren.

250 g Crème fraîche

Puderzucker, gesiebt, zum Bestäuben

MÜRBEKEKSE

150 g Mehl, plus etwas mehr zum Bestäuben

25 g Speisestärke

55 g Feinstzucker, plus etwas mehr zum Bestreuen

fein abgeriebene Schale von 1 Zitrone

115 g Butter, kalt und gewürfelt

OBSTKOMPOTT

2 TL Speisestärke

55 g Feinstzucker

Saft von 1 Zitrone

150 g Blaubeeren, plus 12 zum Garnieren

150 g Himbeeren, plus 12 zum Garnieren

1. Den Backofen auf 160 °C vorheizen.

2. Für die Mürbekekse Mehl, Speisestärke, Zucker und Zitronenschale in einer Rührschüssel vermengen. Die Butterstückchen mit den Fingern einkneten, bis feine Streusel entstehen. Mit den Händen zu einer Teigkugel formen. Eine Arbeitsfläche mit Mehl bestäuben.

3. Den Teig leicht kneten, halbieren, und eine Hälfte dünn ausrollen. Mit einem Plätzchenausstecher 4,5 cm große Blumenformen oder geriffelte Kreise aus dem Teig ausstechen und auf ein beschichtetes Backblech legen. Die Teigreste zur zweiten Teighälfte geben und diese dünn ausrollen. Anschließend erneut Plätzchenformen ausstechen und auf ein weiteres Backblech legen. Den gesamten Teig aufbrauchen, bis mindestens 72 Kekse ausgestochen sind. Mit zusätzlichem Zucker bestreuen und im vorgeheizten Ofen 8–10 Minuten blassgolden backen. Auf den Backblechen auskühlen lassen.

4. Für das Obstkompott Speisestärke, Zucker und Zitronensaft gleichmäßig auf zwei kleine Töpfe mit dickem Boden verteilen. In den ersten Topf 150 g Blaubeeren geben und in den zweiten 150 g Himbeeren. Beide Töpfe 3–5 Minuten unter Rühren auf kleiner Stufe erhitzen, bis das Obst weich ist und die Sauce andickt. Abkühlen lassen und erneut durchrühren.

5. Kurz vor dem Servieren je 1 Teelöffel Crème fraîche auf zwei Drittel der Kekse geben, die Hälfte davon mit 1 Teelöffel Himbeerkompott bestreichen (eventuell die Himbeeren noch ein wenig zerdrücken), mit einem mit Crème fraîche bestrichenen Keks belegen und darauf 1 Teelöffel Blaubeerkompott streichen. Mit einem dritten Keks abschließen und auf eine Servierplatte legen. Die Hälfte der Stapelkekse mit 1 Himbeere belegen, die andere Hälfte mit je 1 Blaubeere. Anschließend mit Puderzucker bestreuen.

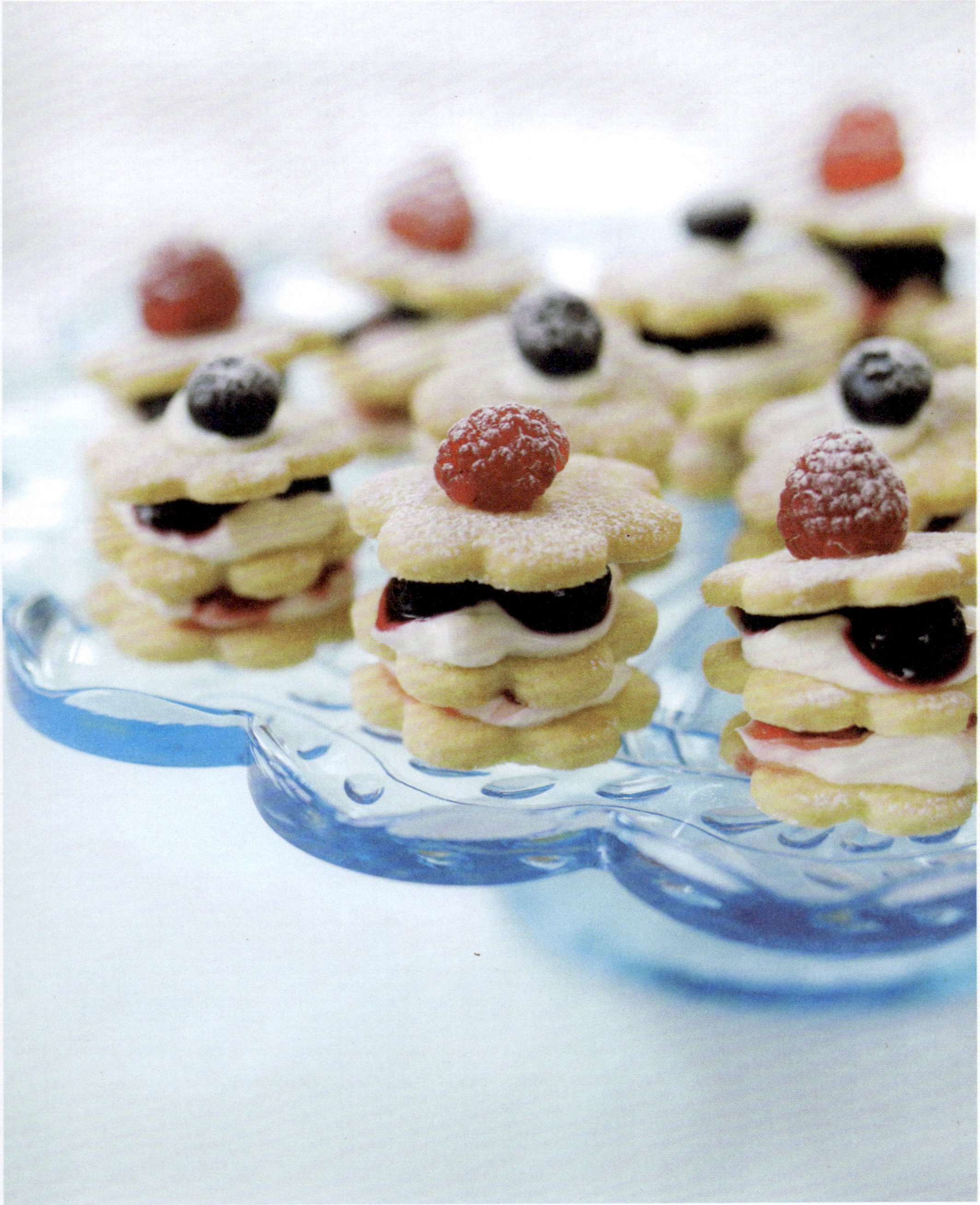

Granita-Clementinen

Ergibt 10 Stück
Zubereiten: 25 Minuten
Garen: 5 Minuten
Tiefkühlen: 4 Stunden plus über Nacht

10 Clementinen

85 g Feinstzucker

4 EL Wasser

fein abgeriebene Schale und Saft von 1 Zitrone

Saft von 1 großen Orange

Falls Sie dieses Dessert nur für Erwachsene zubereiten, können Sie vor dem Tiefkühlen einen Spritzer Cointreau oder Grand Marnier an die Mischung geben.

1. Von jeder Clementine oben eine dünne Scheibe abschneiden und beiseitelegen. Ein wenig Saft von jeder Frucht in einen Mixbecher drücken. Mit einem Teelöffel das Fruchtfleisch in den Mixer geben und pürieren.

2. Das Püree durch ein Sieb in eine Kastenbackform streichen. Die 10 ausgehöhlten Clementinen in eine Backform stellen und tiefkühlen.

3. Zucker und Wasser in einen Topf geben. 5 Minuten auf kleiner Stufe erhitzen, bis der Zucker aufgelöst ist. Die Hitze erhöhen, aufkochen und 1 Minute weiterkochen, ohne umzurühren. Vom Herd nehmen und Zitronenschale und -saft einrühren. Zitronensirup und Orangensaft in das pürierte Fruchtfleisch der Clementinen abseihen. Anschließend abkühlen lassen.

4. Die Kastenform ins Gefrierfach stellen und 2 Stunden tiefkühlen, bis die Mischung halb gefroren ist. Mit einer Gabel die Eiskristalle aufbrechen und vermengen, dann wieder 1 Stunde ins Gefrierfach stellen. Erneut mit der Gabel durchrühren und noch einmal 1 Stunde tiefkühlen. Wieder mit der Gabel rühren, bis das Gefrorene wie farbiger Schnee aussieht.

5. Die Granita in die ausgehöhlten Clementinen füllen, die Deckel schräg aufsetzen und über Nacht tiefkühlen. (Falls die Granita zu stark gefroren ist, kurz bei Zimmertemperatur stehen lassen und dann mit einer Gabel rühren.) Die Granita-Clementinen vor dem Servieren auf einem Teller anrichten.

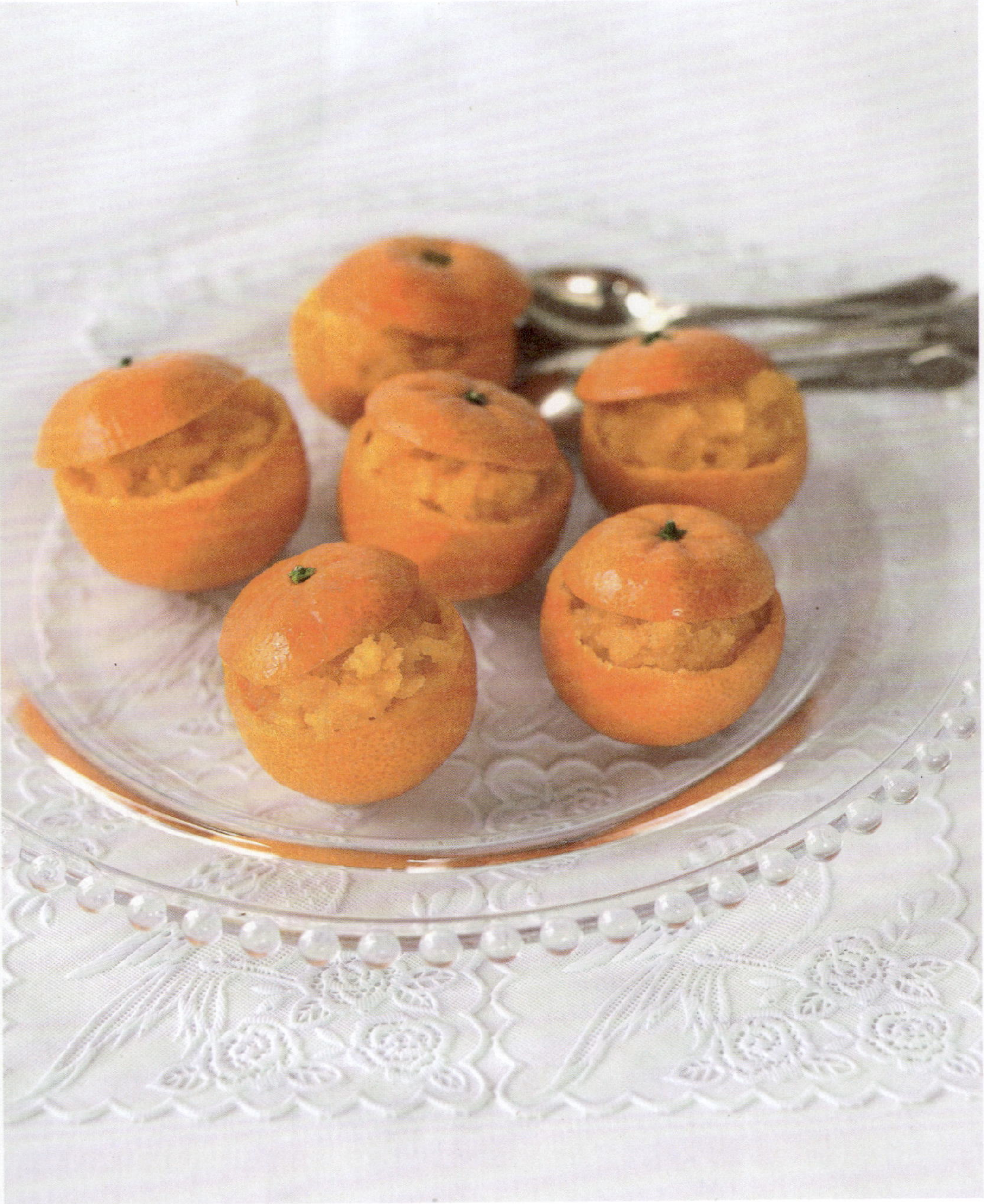

Cranberry-Amaretti-Cremedessert

Ergibt 10 Portionen
Zubereiten: 30 Minuten
Garen: 5–8 Minuten
Kühlen: 1 Stunde

Ein leichtes Rezept für besondere Anlässe, das auch ein vorzügliches Dessert zum Weihnachtsessen sein kann. Ihre Kinder werden gern bei den Zuckersternen helfen!

85 g Feinzucker

2 TL Speisestärke

1 große Prise Zimtpulver

1 große Prise gemahlener Ingwer

125 ml Wasser

200 g gefrorene Cranberrys

AMARETTI-CREME

150 g Doppelrahm-Frischkäse

3 EL Feinzucker

200 g Schlagsahne

4 EL Orangensaft oder Cointreau

55 g Amaretti, zerstoßen

ZUCKERSTERNE

Puderzucker, zum Bestäuben

150 g Rollfondant

1. Zucker, Speisestärke, Zimt und Ingwer in einen mittelgroßen Topf geben, das Wasser zufügen und glatt rühren. Die Cranberrys zufügen und unter gelegentlichem Rühren 5–8 Minuten köcheln, bis die Beeren weich sind und das Kompott angedickt ist. Abdecken und abkühlen lassen.

2. Für die Amaretti-Creme Frischkäse und Zucker in einer Rührschüssel vermengen. Langsam die Sahne zufügen und alles mit dem Schneebesen glatt rühren. Orangensaft und zerstoßene Amaretti einrühren. Die Mischung in einen Spritzbeutel füllen, das Cranberrykompott in einen weiteren.

3. 10 Wodkagläser zu einem Viertel mit Amaretti-Creme füllen. Die Hälfte des Cranberrykompotts gleichmäßig in die Gläser spritzen und die Schichten wiederholen. Abdecken und 1 Stunde in den Kühlschrank stellen.

4. Für die Zuckersterne ein Backblech mit Backpapier auslegen. Die Arbeitsfläche mit Puderzucker bestäuben. Den Rollfondant leicht kneten und dünn ausrollen. Mit kleinen sternförmigen Ausstechformen unterschiedlich große Sterne ausstechen und auf das vorbereitete Backblech legen. Bei Zimmertemperatur 1 Stunde oder bis zum Gebrauch aushärten lassen. Die Desserts und die Serviertellerchen um die Gläser vor dem Servieren mit den Zuckersternen garnieren.

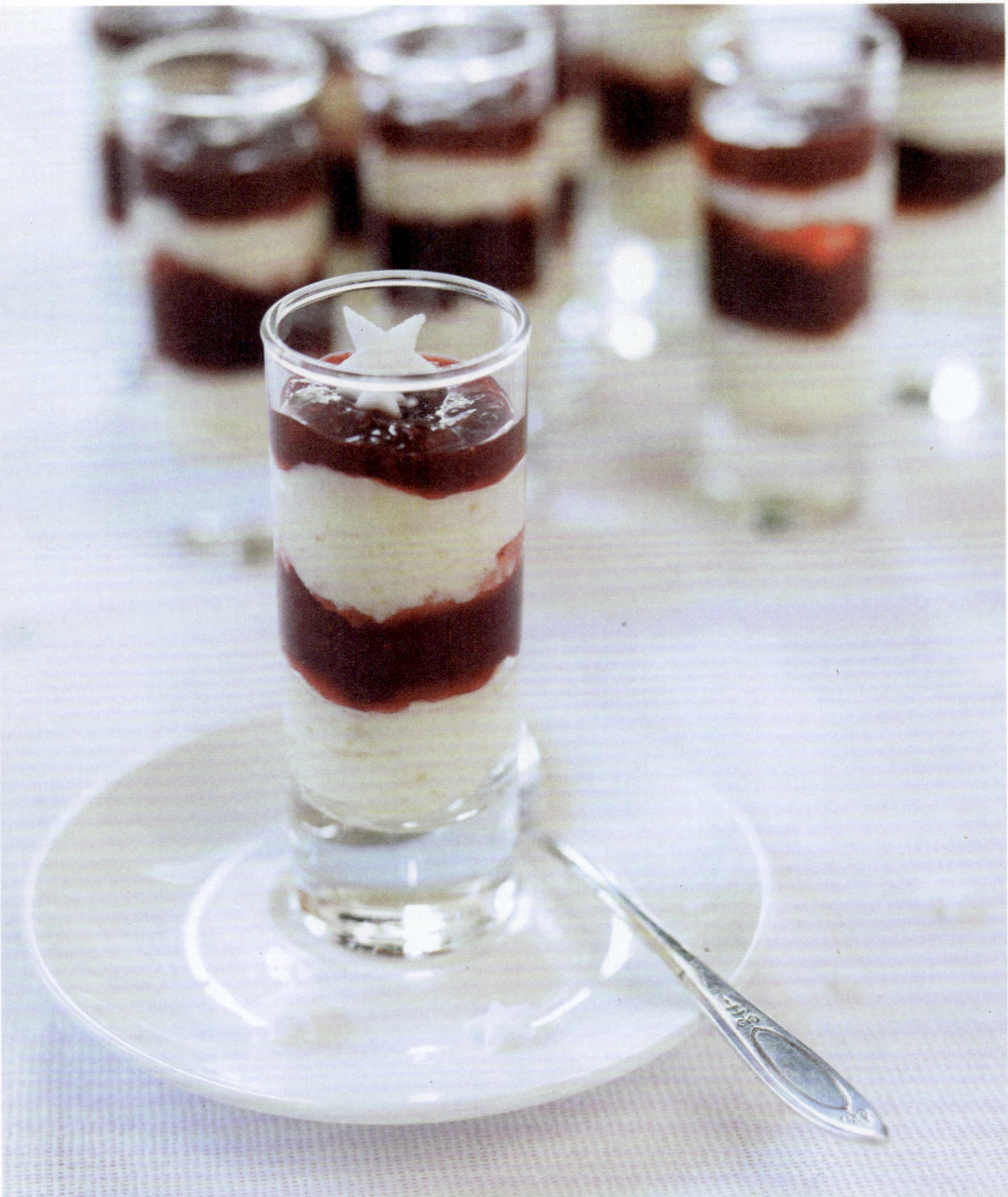

Schokotässchen mit Karamell

Ergibt 12 Stück
Zubereiten: 30 Minuten
Garen: 7–8 Minuten
Kühlen: 2 Stunden

150 g Bitterschokolade, grob gehackt

115 g Feinstzucker

4 EL Wasser

12 kleine Walnusshälften

25 g Butter

125 g Schlagsahne

Wenn Sie keine Papiermanschetten für Petit Fours haben, legen Sie die Vertiefungen einer Mini-Muffinform mit kleinen Quadraten aus Frischhaltefolie aus. Streichen Sie geschmolzene Schokolade über die Frischhaltefolie und ziehen diese vor dem Servieren ab.

1. Eine Backform für 12 Mini-Muffins mit Papiermanschetten für Petit Fours auslegen. Eine große Backform mit Backpapier auslegen.

2. Die Schokolade in eine hitzebeständige Schüssel geben, über einen Topf mit siedendem Wasser setzen und erhitzen, bis die Schokolade geschmolzen ist. 1 Löffel geschmolzene Schokolade in jede Papiermanschette geben und mit einem kleinen Backpinsel gleichmäßig über die Seitenränder verstreichen. 30 Minuten kühl stellen und danach eine zweite Schicht Schokolade gleichmäßig dick aufstreichen. Abdecken und in den Kühlschrank stellen.

3. Zucker und Wasser in einen kleinen Topf geben. 5 Minuten auf kleiner Stufe erhitzen, bis der Zucker aufgelöst ist. Die Hitze erhöhen und 4–5 Minuten ohne Rühren kochen, bis der Karamell tief goldbraun ist (siehe Seite 7). Vom Herd nehmen, die Walnüsse zufügen und schnell mit Karamell ummanteln, dann mit 2 Gabeln herausheben. Mit ausreichend Abstand voneinander auf das vorbereitete Backblech legen.

4. Die Butter zum restlichen Karamell geben, zum Vermischen den Topf schwenken und nach und nach die Sahne einrühren. In eine Schüssel umfüllen und abkühlen lassen. Abdecken und 1½ Stunden in den Kühlschrank stellen, bis die Karamellcreme steif ist. Die mit Schokolade beschichteten Papiermanschetten aus der Backform nehmen. Die Karamellcreme in einen großen Spritzbeutel mit sternförmiger Tülle füllen und in die Manschetten spritzen. Bis zum Verzehr in den Kühlschrank stellen. Vor dem Servieren mit den karamellüberzogenen Walnüssen garnieren.

Für den besonderen Anlass

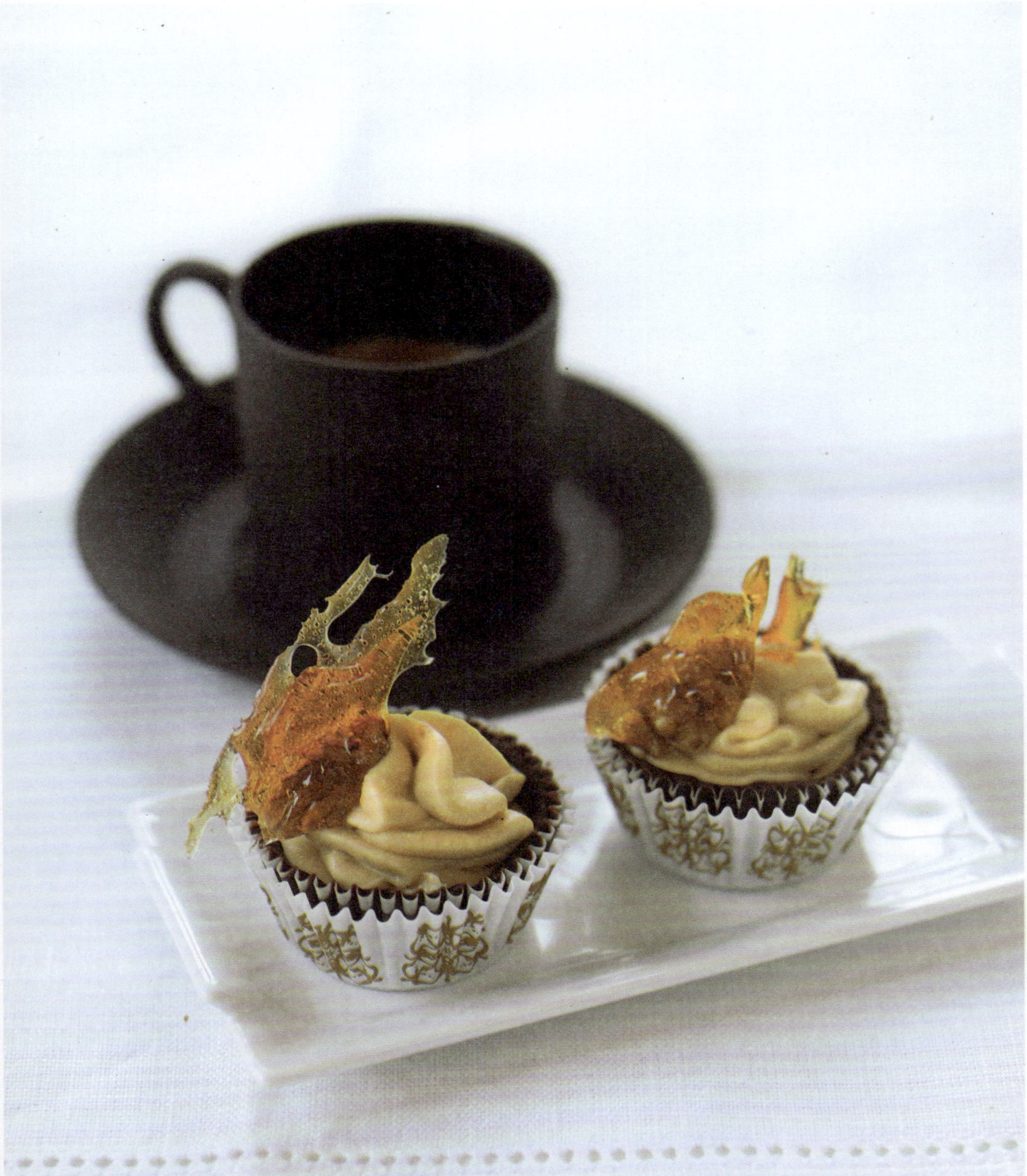

Für die Party

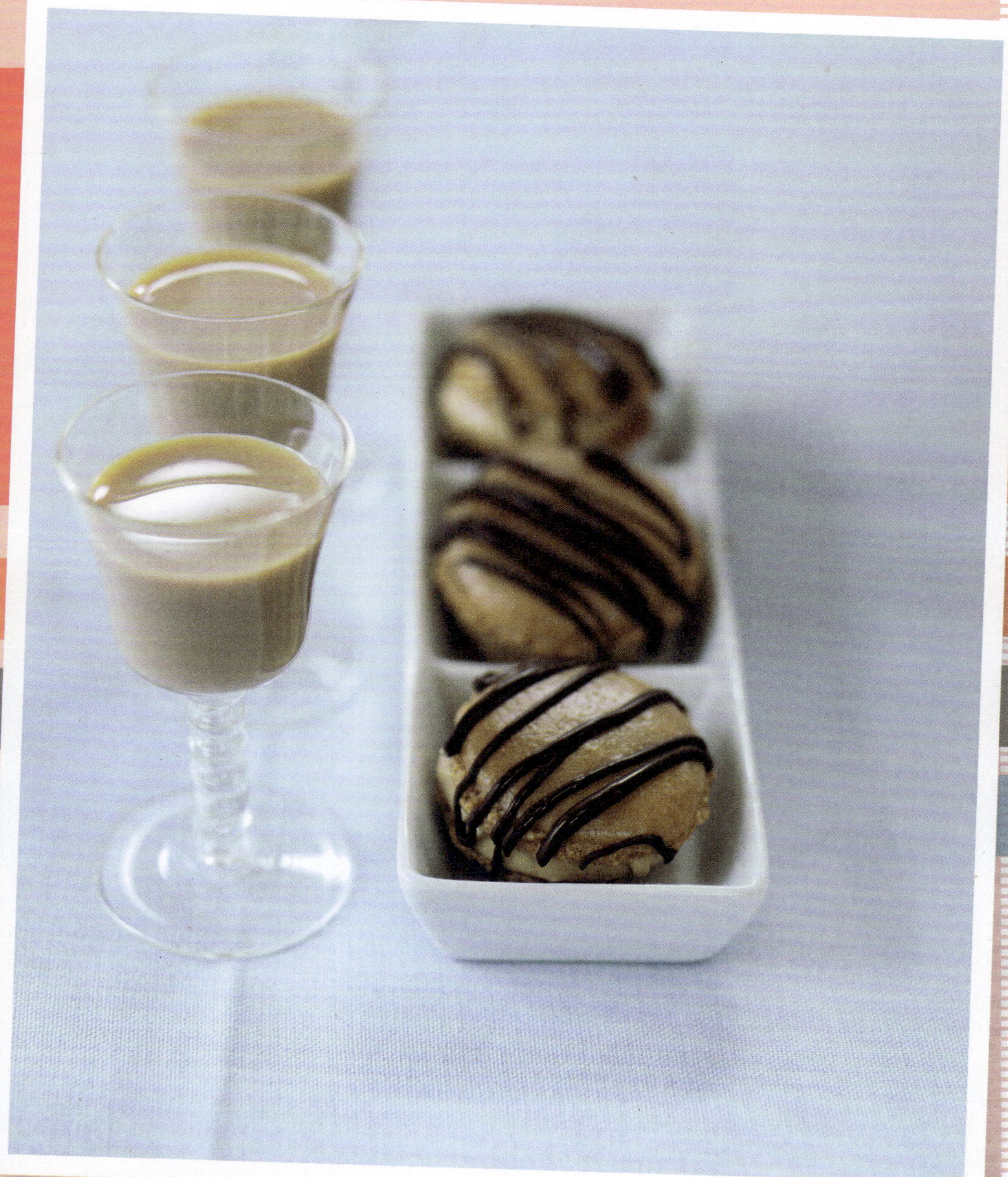

Kirsch-Honigcreme-Terrine

Ergibt 30 Portionen
Zubereiten: 25 Minuten
Garen: 10 Minuten
Tiefkühlen: 30 Minuten
Kühlen: 5 Stunden

Die zwei Farben dieses Desserts mit dem beeindruckenden diagonalen Effekt gelingen, indem man die Form mit dem Kirschgelee schräg hält, bevor die Cremeschicht eingefüllt wird.

300 g gefrorene entsteinte Kirschen

2 EL Feinstzucker

175 ml Wasser

4 TL Gelatinepulver

250 g Quark

fein abgeriebene Schale von 1 Zitrone

3 EL flüssiger Honig

150 g Schlagsahne

1. Gefrorene Kirschen, Zucker und 125 ml Wasser in einen mittelgroßen Topf geben und aufkochen. Die Hitze reduzieren und ohne Deckel 5 Minuten köcheln, bis die Kirschen weich sind.

2. Inzwischen das restliche Wasser in eine hitzebeständige Schüssel geben und das Gelatinepulver hineinstreuen – es muss ganz aufgesogen werden. 5 Minuten ruhen lassen. Die Schüssel über einen Topf mit leicht siedendem Wasser setzen und 5 Minuten erhitzen. Von Zeit zu Zeit umrühren, bis die Gelatine klar ist (siehe Seite 7).

3. Die Kirschmischung mit dem Stabmixer pürieren und zurück in den Topf geben. 2½ Esslöffel aufgelöste Gelatine einrühren und abkühlen lassen.

4. Die Kirschmischung auf 6 Kastenförmchen mit je 150 ml Fassungsvermögen verteilen und so in das Gefrierfach stellten, dass sie schräg in einer Ecke geliert. 30 Minuten tiefkühlen, bis sie fest ist.

5. In der Zwischenzeit Quark, abgeriebene Zitronenschale und Honig in einer Schüssel verrühren. Die Sahne in einer separaten Rührschüssel steif schlagen und unter die Quarkmischung heben. Die restliche Gelatinemischung einrühren, abdecken und bei Zimmertemperatur ruhen lassen.

6. Wenn das halb gefrorene Kirschgelee fest ist, die Quarkmischung mit dem Löffel daraufgeben und auf der Oberfläche gleichmäßig glatt streichen. 4 Stunden im Kühlschrank fest werden lassen.

7. Um die Desserts aus den Kastenförmchen zu stürzen, diese 2 Sekunden in fast kochendes Wasser tauchen und wieder herausnehmen. Mit einem Messer die Ecken jedes Desserts lösen und die Form auf einen Teller stürzen. Falls nötig, die Ecken des Gelees mit einem scharfen Messer begradigen. Erneut 1 Stunde in den Kühlschrank stellen. Vor dem Servieren jedes Dessert in 5 Stücke schneiden.

Für die Party

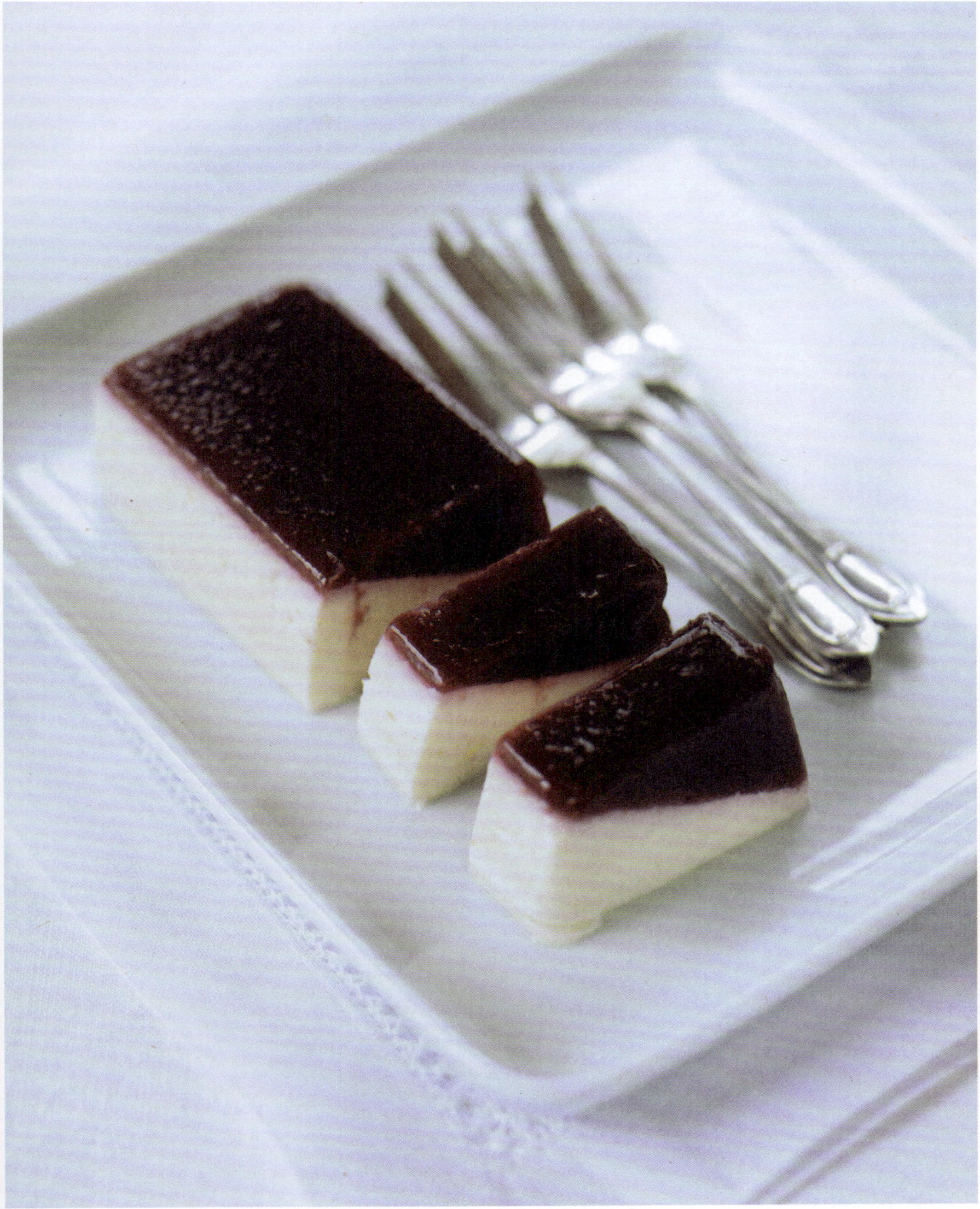

Pistazien-Honig-Eis mit pochierten Feigen

Ergibt 10 Portionen
Zubereiten: 30–35 Minuten
Garen: 10 Minuten
Tiefkühlen: 1–7 Stunden

Dieses erfrischende sommerliche Dessert hat griechischen Einfluss und sieht am besten mit Feigen serviert aus. Es kann gut im Voraus zubereitet werden.

EISCREME

6 Eigelb

2 TL Speisestärke

6 EL flüssiger Honig

450 ml Milch

250 g griechischer Joghurt

2 TL Rosenblütenwasser (nach Belieben)

55 g Pistazienkerne, grob gehackt

POCHIERTE FEIGEN

150 ml Rotwein

55 g Feinstzucker

1 Zimtstange, halbiert

10 kleine Feigen

1. Eigelb, Speisestärke und Honig in einer großen Schüssel vermengen. Die Milch in einem Topf zum Kochen bringen und in die Eigelbmischung rühren. Alles durch ein Sieb zurück in den Topf gießen und auf kleiner Stufe unter ständigem Rühren köcheln, bis die Flüssigkeit angedickt ist. Die Creme in eine Schüssel füllen, mit Backpapier abgedeckt auskühlen lassen.

2. Joghurt und Rosenblütenwasser in die Creme rühren. Die Mischung in die Eismaschine füllen und 15–20 Minuten drehen lassen, bis alles dick und cremig ist. Die Pistazien zufügen und weiterdrehen, bis das Eis dick genug ist, um es herauszulöffeln. Falls keine Eismaschine vorhanden ist, die Mischung in eine beschichtete Kastenform füllen und 3–4 Stunden tiefkühlen, bis sie halb gefroren ist. Dann in der Küchenmaschine mixen, die Pistazien zufügen, wieder in die Kastenform füllen und 3 Stunden tiefkühlen, bis das Eis fest ist.

3. In der Zwischenzeit für die pochierten Feigen Wein, Zucker und Zimtstange in einen kleinen Topf geben und langsam erhitzen. Die Feigen zufügen und 5 Minuten sanft pochieren. Abkühlen lassen.

4. Vor dem Servieren die Eiscreme aus dem Gefrierfach nehmen und 5–10 Minuten weich werden lassen. In kleine Schälchen füllen und mit 2 Feigenhälften und ein wenig Sirup garnieren. Sofort servieren.

Für die Party

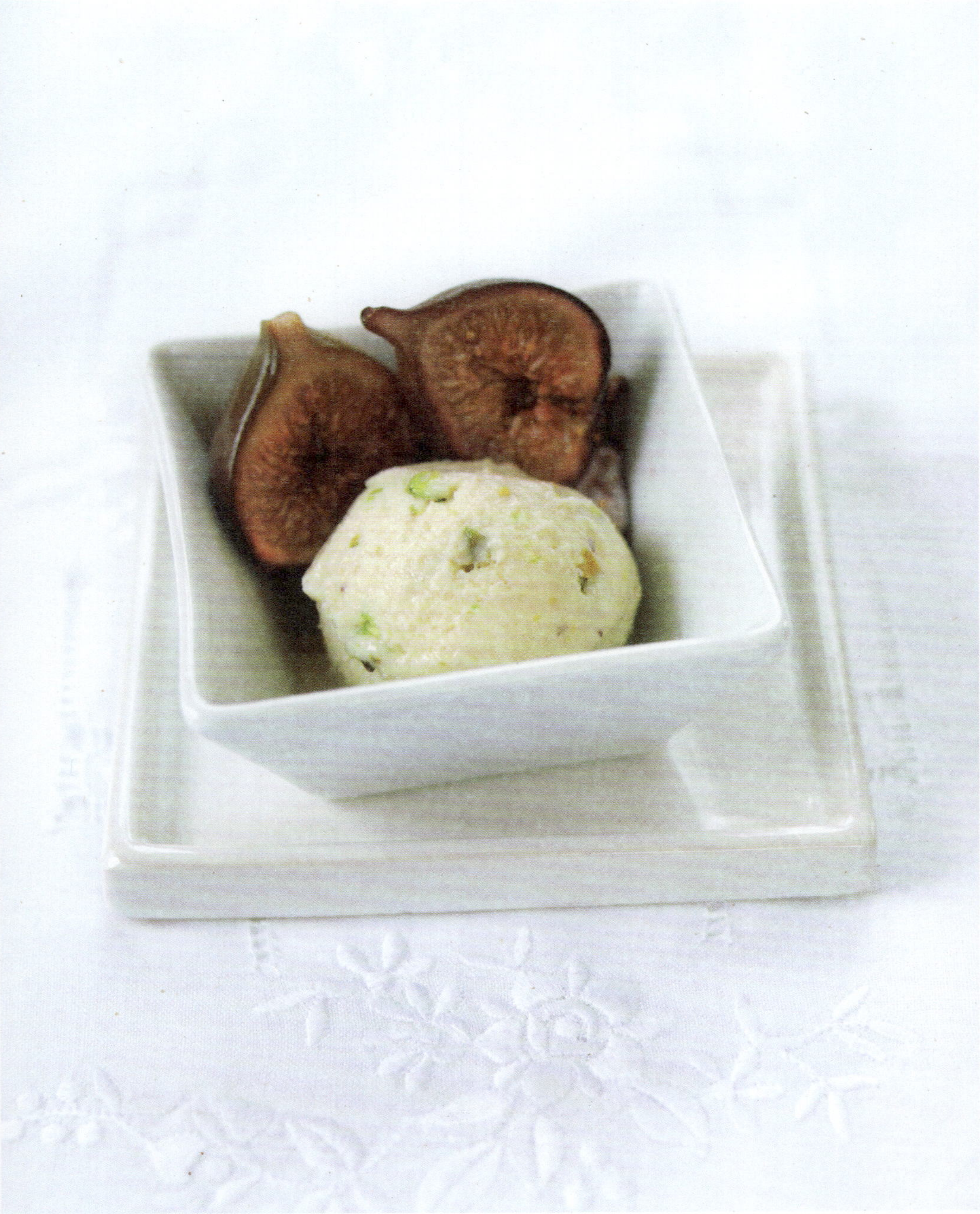

Gewürzpflaumen-Schnecken

Ergibt 32 Stück
Zubereiten: 30 Minuten
Garen: 12–15 Minuten

Ein selbst gemachter Blätterteig ist für dieses Rezept nicht nötig. Den fertigen Blätterteig ausrollen, mit gewürztem Zucker und Orangenschale bestreuen, aufrollen und backen. Hier ist zwischen jeweils 2 Blätterteigspiralen eine köstliche Pflaumenfüllung.

etwas Sonnenblumenöl, zum Einfetten

100 g Feinzucker

1 TL Zimtpulver

fein abgeriebene Schale von 1 Orange

2 fertige Blätterteiglagen (640 g)

Milch, zum Bestreichen

FÜLLUNG

300 g Pflaumen, entsteint und fein gehackt

40 g Feinzucker

1 große Prise Zimtpulver

3 EL Wasser

1 TL Speisestärke

Puderzucker, gesiebt, zum Bestäuben

1. Den Backofen auf 200 °C vorheizen. 2 Backbleche mit etwas Öl einfetten.

2. Zucker, Zimt und Orangenschale in einer Rührschüssel vermengen.

3. Eine Lage Blätterteig ausrollen und zu 23 cm x 19 cm großen Stücken halbieren. Beide Stücke mit der Hälfte der Zuckermischung bestreuen und von der langen Seite her aufrollen. Ein wenig Milch über die Enden streichen, damit sie zusammenhalten. Jede Rolle in 16 Scheiben schneiden und diese mit der Schnittseite nach oben auf eines der Backbleche legen.

4. Schritt 3 mit der zweiten Lage Blätterteig wiederholen. 12–15 Minuten im vorgeheizten Ofen goldbraun backen.

5. In der Zwischenzeit für die Füllung die Pflaumen in einen Topf mit dickem Boden geben. Zucker, Zimt und 2 Esslöffel Wasser zufügen. Den Deckel auflegen und auf kleiner Stufe 10 Minuten kochen. Die Speisestärke mit 1 Esslöffel Wasser in einer kleinen Schüssel verrühren und unter die Pflaumen mischen. 1 Minute weiterkochen, bis die Flüssigkeit andickt. Abkühlen lassen.

6. Die Hälfte der gebackenen Blätterteigspiralen mit 1 Löffel Pflaumenfüllung bestreichen und mit je 1 weiterer Blätterteigspirale belegen. Auf eine Servierplatte legen und mit Puderzucker bestreuen.

Für die Party

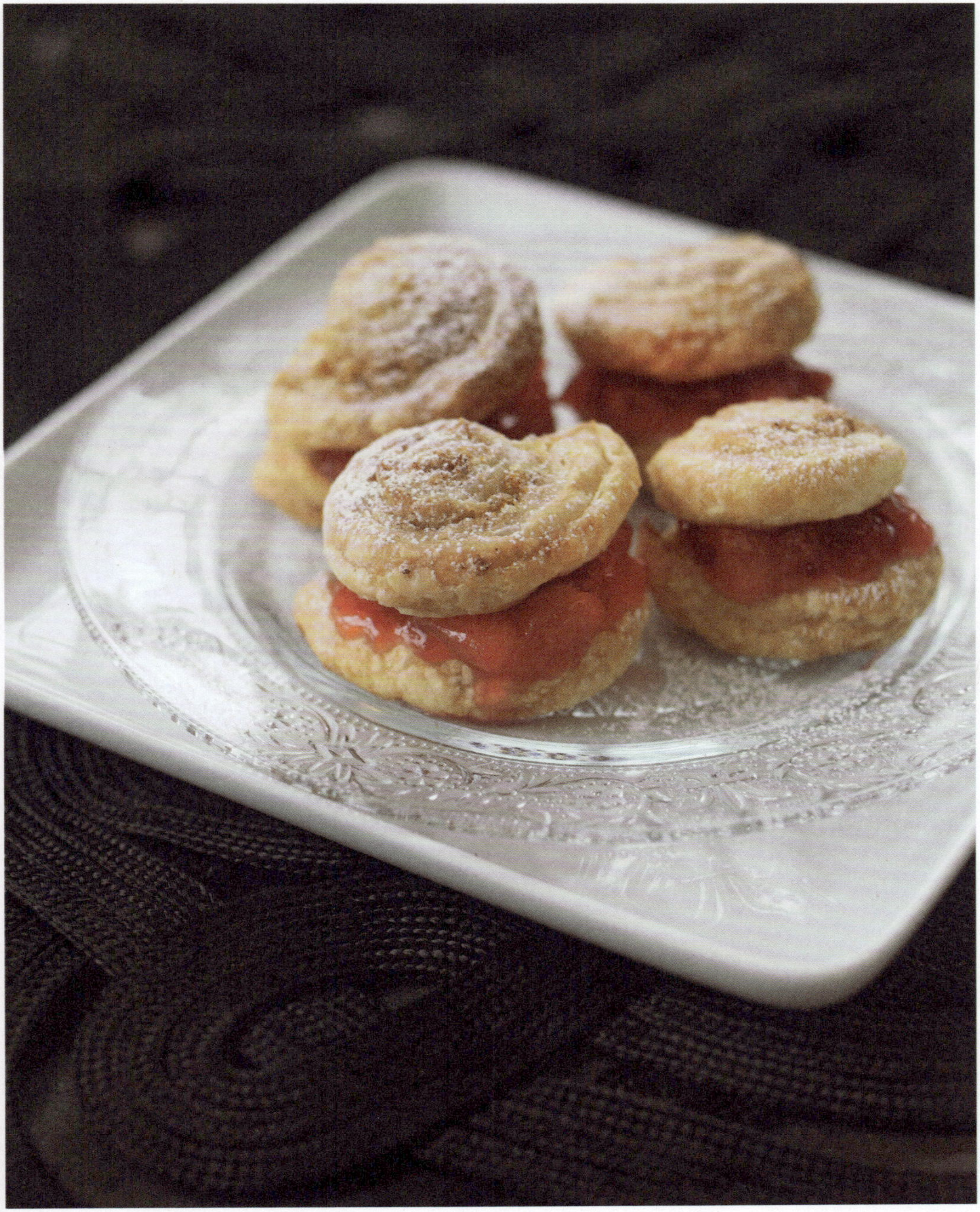

Blaubeer-Wodka-Dessert

Ergibt 12 Portionen
Zubereiten: 15 Minuten
Garen: 8 Minuten
Kühlen: 4 Stunden

Dieses hübsche Dessert ist in wenigen Minuten zubereitet. In Gläsern auf kleinen Dessertteller oder Untertassen serviert und mit rosafarbenem Glitzerdekor verziert, sieht es toll aus und macht Eindruck.

6 Stücke fertiger Sandkuchen oder Biskuit (alternativ 12 Löffelbiskuits)

350 ml Wasser

3 TL Gelatinepulver

250 g Blaubeeren

70 g Feinzucker

fein abgeriebene Schale von 1 Zitrone

100 ml Wodka

125 g Schlagsahne

essbarer rosa Glitzerdekor, zum Dekorieren

1. Aus dem Sandkuchen oder Biskuit 12 kleine Kreise ausschneiden. Zum Ausstechen kann ein Likörglas benutzt werden. Dann jeweils auf den Boden eines Likörglases drücken.

2. 50 ml Wasser in eine kleine Schüssel geben und das Gelatinepulver hineinstreuen – es muss ganz aufgesogen werden. 5 Minuten ruhen lassen.

3. Inzwischen Blaubeeren, Zucker, Zitronenschale und 300 ml Wasser in einem mittelgroßen Topf aufkochen. Die Hitze reduzieren und ohne Deckel 5 Minuten köcheln, bis die Blaubeeren weich sind.

4. Den Topf vom Herd nehmen und die Gelatinemischung zugeben. Rühren, bis sie ganz aufgelöst ist. Den Wodka einrühren und die Mischung in die Gläser füllen. Dabei den Biskuitkuchen mit einem Teelöffel nach unten drücken, falls er zu schwimmen beginnt. Abkühlen lassen, abdecken und die Gläser auf ein kleines Backblech stellen. 4 Stunden in den Kühlschrank stellen, bis das Dessert fest ist.

5. Vor dem Servieren 2 Teelöffel Sahne über jedes Dessert geben und mit rosa Glitzerdekor bestreuen.

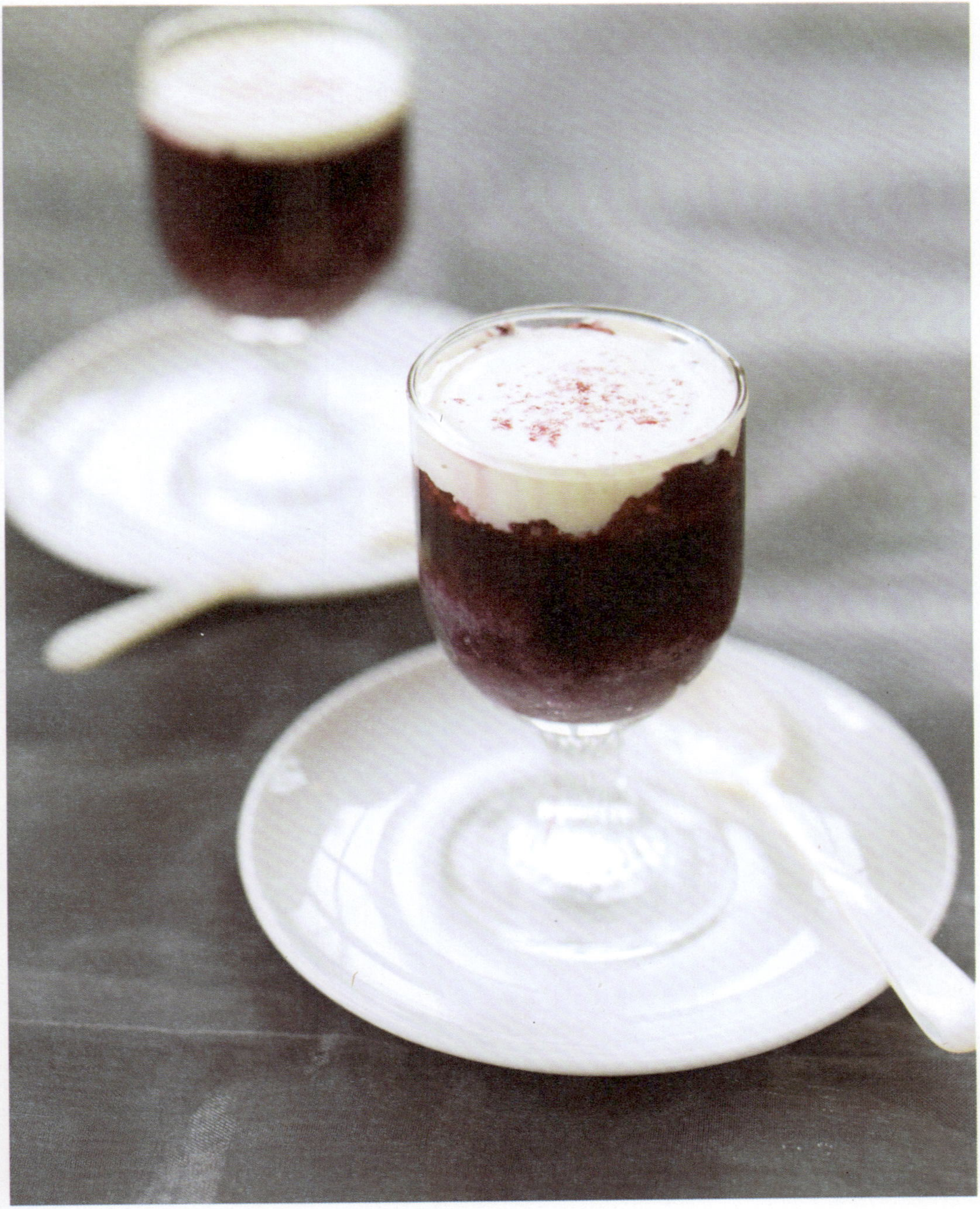

Geeiste Schoko-Minze-Mousse

Ergibt 12 Portionen
Zubereiten: 40 Minuten
Garen: 10 Minuten
Tiefkühlen: 4 Stunden

Die Interpretation eines französischen Klassikers. Da diese Mousse tiefgekühlt ist, kann man sie sehr gut vor der Party zubereiten. Die getröpfelte Schokoladendeko kann am Abend zuvor gemacht und bis zum Servieren im Kühlschrank aufbewahrt werden.

150 g Bitterschokolade, grob gehackt

15 g Butter, gewürfelt

3 Eier, getrennt

2 EL Milch

1 EL Feinstzucker

½ TL Pfefferminzextrakt (Pfefferminzöl)

DEKORATION

55 g Bitterschokolade, grob gehackt

55 g weiße Schokolade, grob gehackt

einige Tropfen grüne Lebensmittelfarbe

125 g Schlagsahne

½–1 TL Pfefferminzextrakt (Pfefferminzöl)

1. Für die Mousse Bitterschokolade und Butter in eine hitzebeständige Schüssel geben, auf einen Topf mit siedendem Wasser setzen und erhitzen, bis die Schokolade geschmolzen ist. Jedes Eigelb einzeln einrühren, dann die Milch zugießen und glatt rühren. Vom Herd nehmen.

2. Das Eiweiß in einer großen Schüssel steif schlagen. Den Zucker teelöffelweise langsam in den Eischnee einarbeiten. Den Eischnee unter die geschmolzene Schokolade heben und das Pfefferminzöl zufügen.

3. Die Mousse mit dem Löffel in 12 Schnaps- oder Wodkagläser füllen (oder mit einem Trichter oder einem Spritzbeutel mit großer Tülle einfüllen). 4 Stunden oder über Nacht tiefkühlen.

4. In der Zwischenzeit für die Dekoration ein Backblech mit Backpapier auslegen. Die Bitterschokolade in eine hitzebeständige Schüssel geben, über einen Topf mit siedendem Wasser setzen und erhitzen, bis die Schokolade geschmolzen ist. Die geschmolzene Schokolade von einem Löffel in beliebigen Schnörkeln über das vorbereitete Backblech tröpfeln lassen, dann 30 Minuten in den Kühlschrank stellen.

5. Die weiße Schokolade in eine hitzebeständige Schüssel geben, über einen Topf mit siedendem Wasser setzen und erhitzen, bis die Schokolade geschmolzen ist. Die Hälfte der weißen Schokolade über die Bitterschokolade auf dem Backblech tröpfeln. Die grüne Lebensmittelfarbe in die restliche weiße Schokolade rühren und über die beiden Schichten Schokolade träufeln. 30 Minuten in den Kühlschrank stellen.

6. Die Schlagsahne in einer großen Rührschüssel steif schlagen und das Pfefferminzöl unterrühren. Mit einem Löffel auf die gefrorene Mousse geben, die Schokoladenschnörkel in Stücke brechen und in die Sahne drücken. 10 Minuten bei Zimmertemperatur ruhen lassen und dann servieren.

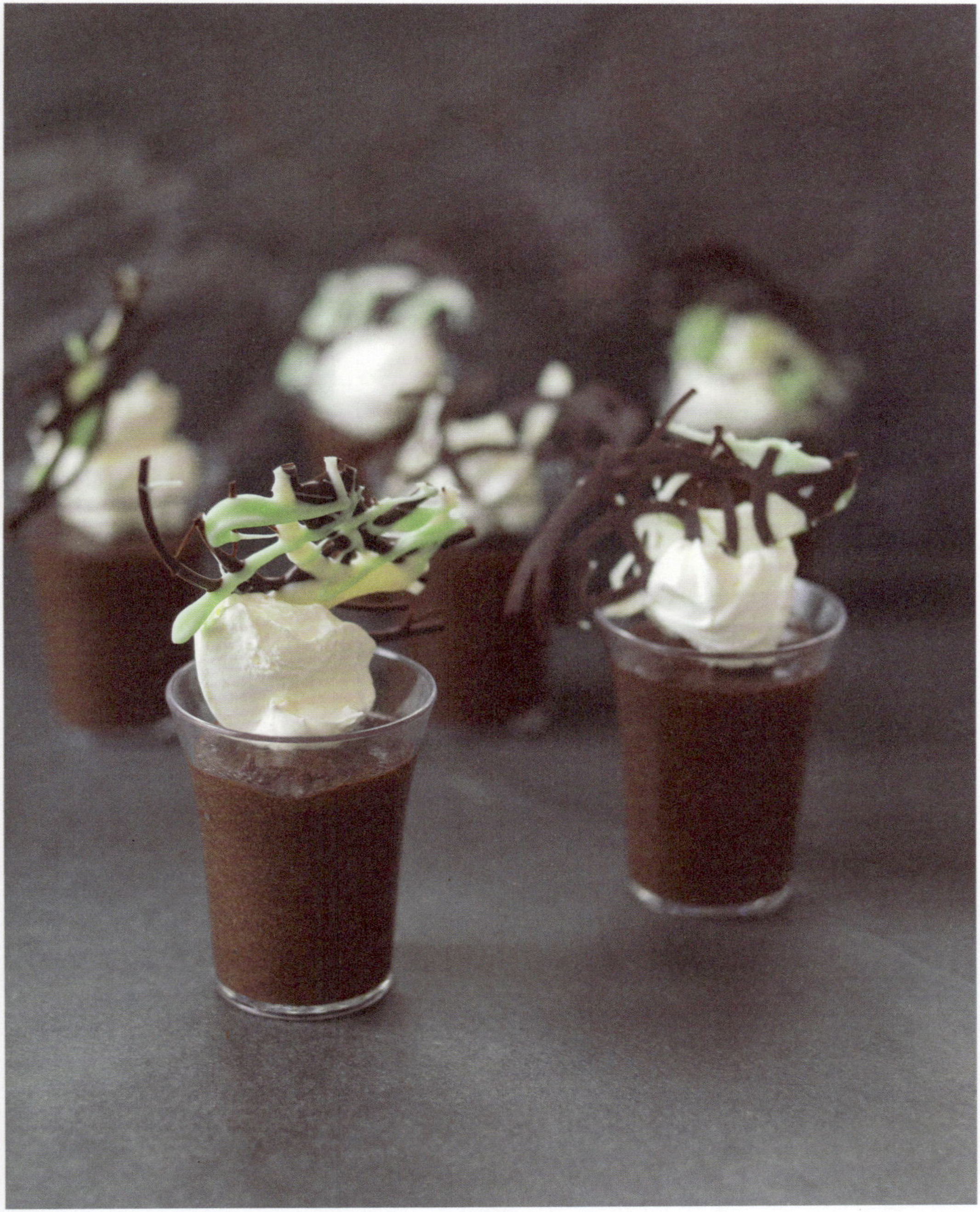

Tropische Karamellcreme

Ergibt 10 Portionen
Zubereiten: 25 Minuten
Garen: 30–35 Minuten
Kühlen: 4 Stunden

175 g Feinstzucker

175 ml Wasser

3 EL kochendes Wasser

2 Eier, plus 2 Eigelb

150 ml fettarme Milch

400 g gezuckerte Kondensmilch

fein abgeriebene Schale von 1 Orange

fein abgeriebene Schale von 1 Limette

½ kleine Mango, geschält und entsteint, zum Garnieren

Dieses fantastische Dessert wird mit Orange, Limette und Mango ganz exotisch. Wenn Sie keine kleinen metallenen Formen haben, nehmen Sie kleine Muffin- oder Tartelettformen aus Aluminiumfolie. Sie sollten aber 4 cm tief sein.

1. Den Backofen auf 160 °C vorheizen. 10 kleine Auflaufförmchen aus Metall in eine Backform stellen.

2. Zucker und Wasser in einen Topf geben. 5 Minuten auf kleiner Stufe erhitzen, bis der Zucker aufgelöst ist. Die Hitze erhöhen und ohne Rühren 5 Minuten kochen, bis der Karamell tiefgoldbraun ist (siehe Seite 7). Vom Herd nehmen und das kochende Wasser zugießen, dabei etwas zurücktreten, da der Sirup spritzt. Den Sirup 1 Minute abkühlen lassen, bis er keine Blasen mehr wirft, dann auf die Förmchen verteilen.

3. Eier und Eigelb in eine Schüssel geben und mit einer Gabel verquirlen.

4. Milch und Kondensmilch in einem Topf mit dickem Boden auf kleiner Stufe unter ständigem Rühren zum Kochen bringen. Langsam zur Eigelbmischung gießen und alles zurück in den Topf abseihen. Die Orangenschale und die Hälfte der Limettenschale unterrühren (die restliche Limettenschale in Frischhaltefolie aufbewahren).

5. Die Puddingcreme in die Formen füllen. Die Backform so weit mit warmem Wasser füllen, dass die Auflaufförmchen etwa zur Hälfte im Wasser stehen. 20–25 Minuten im vorgeheizten Ofen garen, bis die Puddingcreme fest ist. Die Formen aus dem Wasser heben, auskühlen lassen und 4 Stunden oder über Nacht in den Kühlschrank stellen.

6. Vor dem Servieren die Mango in dünne Streifen schneiden. Die Auflaufförmchen 10 Sekunden in fast kochend heißes Wasser tauchen und wieder herausnehmen. Die Puddingcreme mit einem runden Messer am Rand lösen und auf einen Teller stürzen. Die Auflaufförmchen abziehen. Die Mangostreifen auf die Creme legen und mit der restlichen Limettenschale bestreuen.

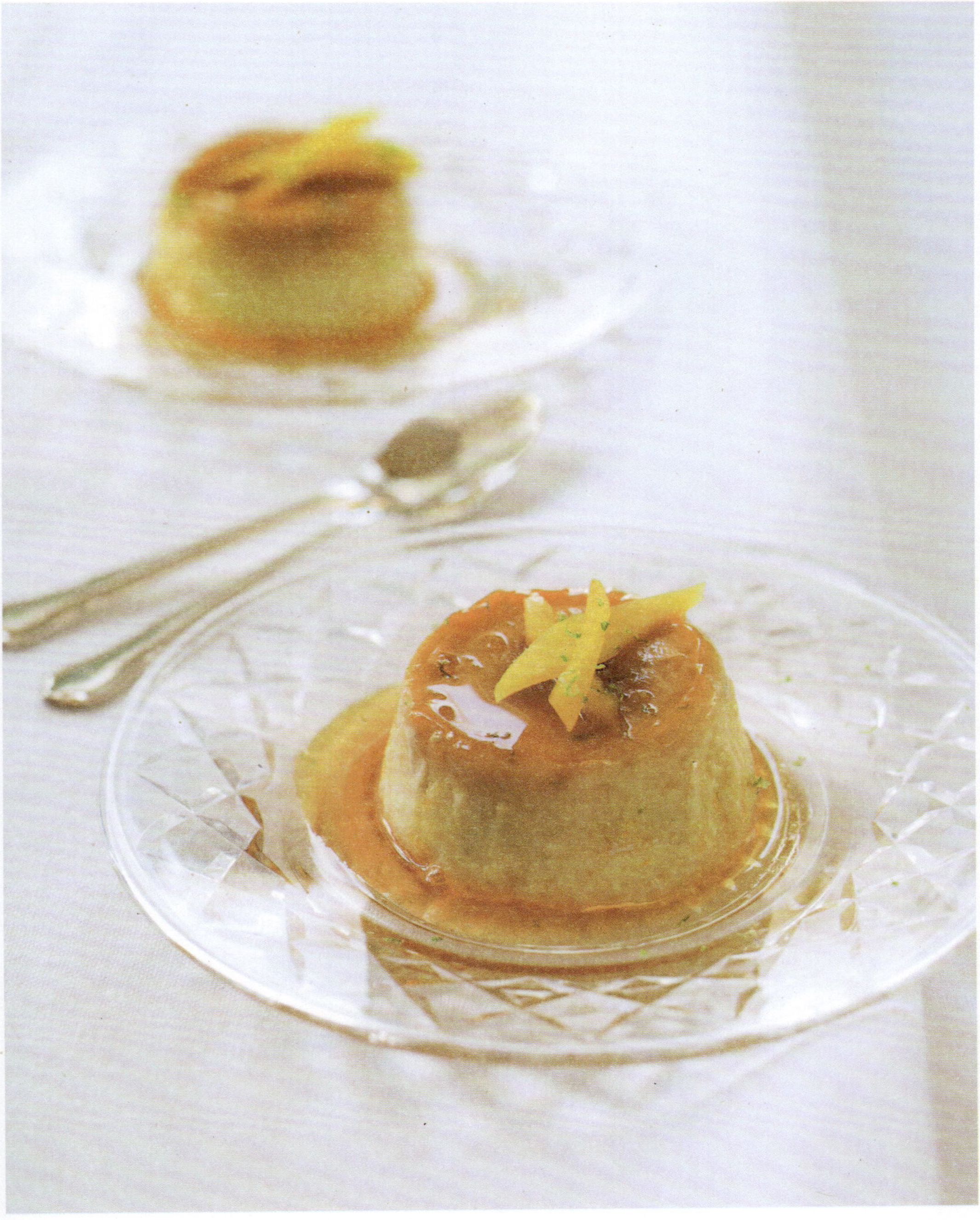

Mini-Eclairs mit Irish Cream

Ergibt 36 Stück
Zubereiten: 45 Minuten
Garen: 20–25 Minuten
Ruhen: 15 Minuten

55 g Butter, plus etwas mehr zum Einfetten

150 ml Wasser

70 g Mehl

1 Prise Salz

2 Eier, verquirlt

einige Tropfen Vanilleextrakt

FÜLLUNG

350 g Schlagsahne

2 EL Puderzucker, gesiebt

4 EL Irish-Cream-Likör

GLASUR

25 g Butter, gewürfelt

100 g Bitterschokolade, grob gehackt

1 EL Puderzucker, gesiebt

2 TL Milch

Alle mögen diese Eclairs. Wenn sie auch für Kinder serviert werden, ist es besser, nur die Hälfte der Creme mit 2 Esslöffeln Irish-Cream-Likör zu verfeinern und die andere Hälfte für die Kinder alkoholfrei zu lassen.

1. Den Backofen auf 200 °C vorheizen. 2 Backbleche mit Butter einfetten.

2. Butter und Wasser langsam in einem Topf mit dickem Boden erhitzen, bis die Butter zerlassen ist. Dann kurz aufkochen und vom Herd nehmen. Mehl und Salz hineinsieben, wieder auf den Herd stellen und mit dem Schneebesen rühren, bis die Mischung zu einer Teigkugel wird, die sich von allein vom Topfrand löst. Mindestens 15 Minuten abkühlen lassen.

3. Die Eier einzeln zufügen und nach jedem Ei mit dem Schneebesen glatt rühren. Das Vanilleextrakt unterrühren. Den Teig in einen großen Spritzbeutel mit einer 1,5 cm großen runden Tülle füllen. 4 cm lange Eclairs auf die vorbereiteten Backbleche spritzen.

4. 10–12 Minuten im vorgeheizten Ofen backen, bis die Eclairs aufgegangen und von außen knusprig sind. Jedes Eclair seitlich einschneiden, damit der Dampf entweichen kann. Dann für weitere 2 Minuten in den Ofen schieben. Abkühlen lassen.

5. Die Füllung etwa 1 Stunde vor dem Servieren zubereiten. Die Sahne in eine Rührschüssel geben, den Puderzucker darübersieben, den Likör zugeben und steif schlagen. Die Schlagsahne in einen Spritzbeutel mit Sterntülle füllen und in die Eclairs spritzen.

6. Alle Zutaten für die Schokoladenglasur in eine hitzebeständige Schüssel über einen Topf mit siedendem Wasser geben, bis die Schokolade geschmolzen und glatt ist. Zwischendurch ab und zu umrühren. Die Schokoglasur mit einem Löffel auf die Eclairs streichen, 15 Minuten ruhen lassen und auf einem Servierteller anrichten.

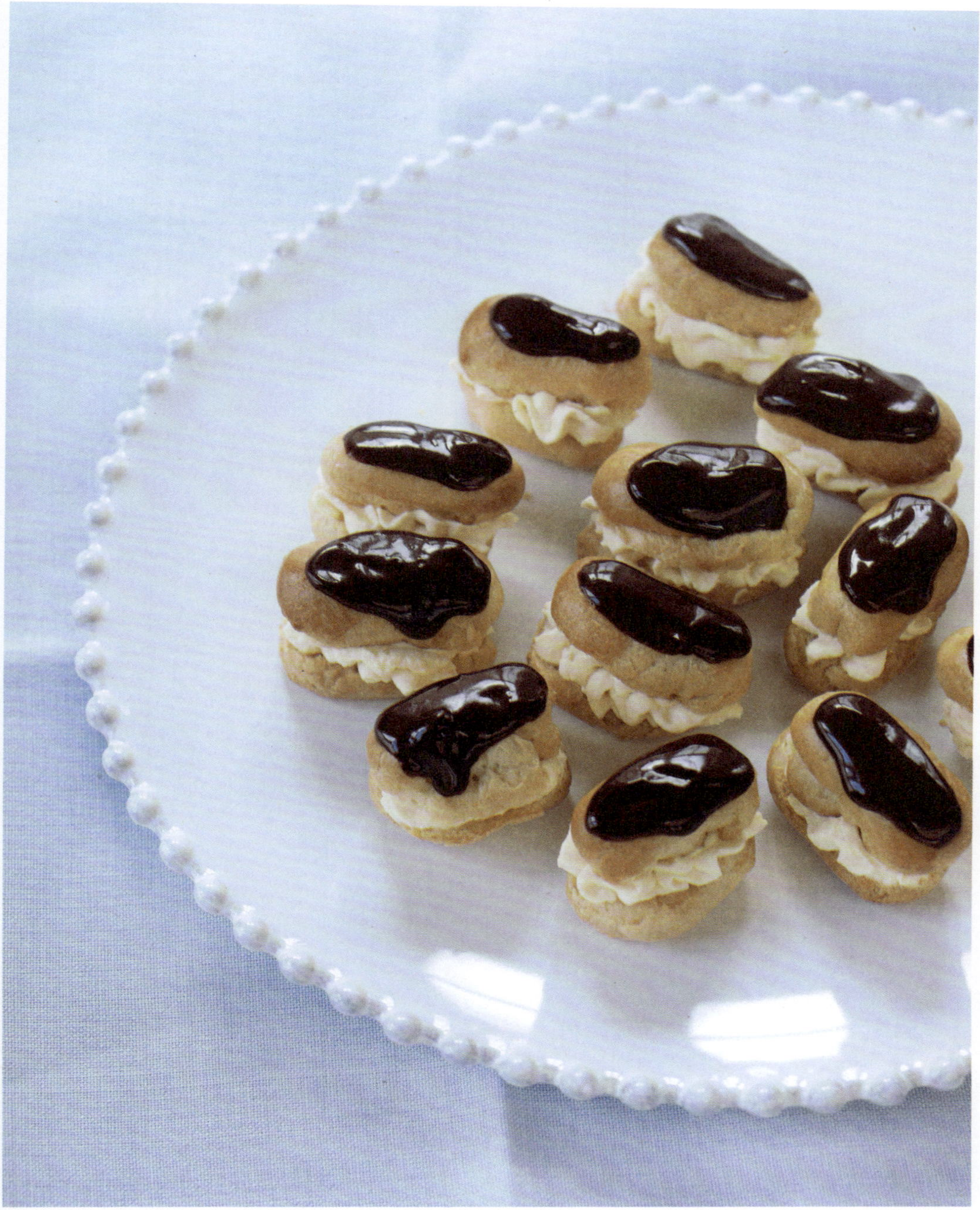

Kaffee-Creme-Macarons

Ergibt 20 Stück
Zubereiten: 30 Minuten
Garen: 12–15 Minuten
Ruhen: 1½ Stunden

175 g Puderzucker

85 g Muskovado-Zucker

115 g gemahlene Mandeln

3 große Eiweiß

100 g Bitterschokolade, grob gehackt, zum Garnieren

FÜLLUNG

55 g Feinstzucker

3 EL Wasser

2 Eigelb

2 TL löslicher Kaffee

100 g kalte Butter, gewürfelt

Beißen Sie durch das knusprige Baiser in die köstliche cremige Kaffeefüllung. Wenn Sie diese Baisers in hübschen Papiermanschetten servieren, benötigen Sie keine Teller.

1. 3 Backbleche mit Backpapier auslegen. Puderzucker, Muskovado-Zucker und gemahlene Mandeln in der Küchenmaschine ganz fein mixen, durch ein Sieb in eine Rührschüssel drücken und beiseitestellen.

2. In einer zweiten großen Rührschüssel das Eiweiß steif schlagen. Die Hälfte der Zucker-Mandel-Mischung mit einem großen Löffel unter den Eischnee heben, dann die verbleibende Mischung unterheben, bis sich ein weicher, glatter Eischnee ergibt, der langsam vom Löffel gleitet.

3. Den Eischnee in einen Spritzbeutel mit einer großen runden Tülle füllen und 2,5 cm große runde Baisers auf das Backpapier spritzen. 10–15 Minuten ruhen und antrocknen lassen. Den Backofen auf 160 °C vorheizen.

4. 12–15 Minuten im vorgeheizten Ofen backen, bis die Baisers vom Papier abgehoben werden können, ohne zu kleben. Dann auskühlen lassen.

5. Für die Cremefüllung Zucker und Wasser in einen Topf geben. 4–5 Minuten auf kleiner Stufe erhitzen, bis der Zucker aufgelöst ist. Die Hitze erhöhen und rasch aufkochen, bis das Zuckerthermometer 115 °C anzeigt oder der Zucker an den Rändern leicht bräunt.

6. Inzwischen das Eigelb in eine Rührschüssel geben und den löslichen Kaffee untermischen. Sobald der Zuckersirup fertig ist, langsam ins Eigelb einrühren, bis die Mischung dick und kalt ist, dann die Butter Stück für Stück unterschlagen. Abdecken und abkühlen lassen. Die Hälfte der Baisers mit Cremefüllung bestreichen und jeweils mit einem weiteren Baiser bedecken.

7. Die Schokolade für die Verzierung in eine hitzebeständige Schüssel geben, über einen Topf mit siedendem Wasser setzen und erhitzen, bis die Schokolade geschmolzen ist. Die geschmolzene Schokolade in einen Spritzbeutel füllen und Zickzacklinien über die Macarons spritzen. Kalt stellen, bis die Schokolade fest ist, dann servieren.

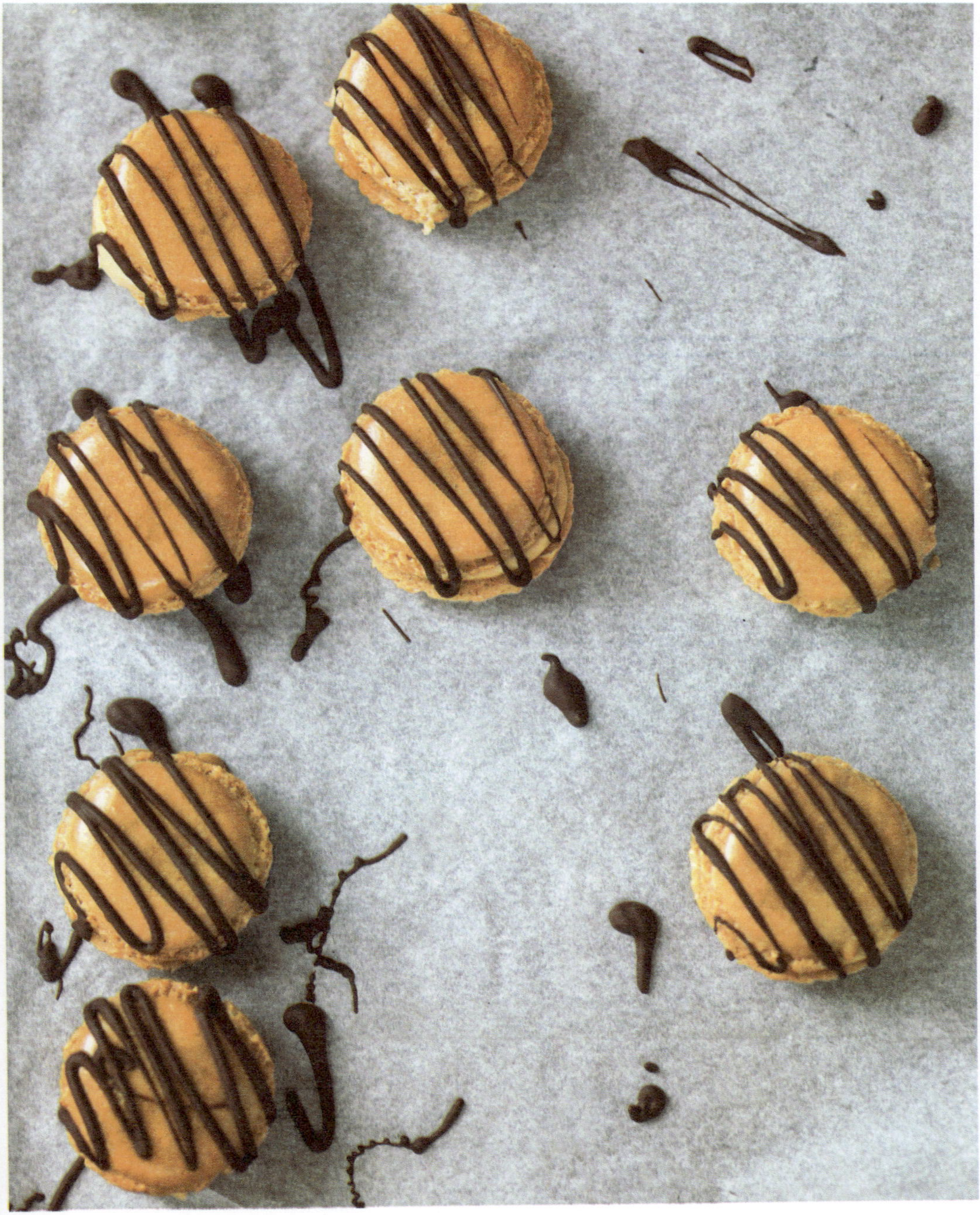

Register

Ahornsirup
  Blaubeer-Pancakes mit Ahornsirup 12
Alkohol
  Blaubeer-Wodka-Dessert 70
  Cranberry-Amaretti-Cremedessert 58
  Erdbeer-Rosé-Gelee 32
  Mini-Eclairs mit Irish Cream 76
  Orangen-Soufflés mit Schokolade und
    Orangensauce 22
  Pistazien-Honig-Eis mit pochierten
    Feigen 66
Äpfel
  Zimtapfelringe mit feiner
    Brombeersauce 18
Aprikosen
  Aprikosen-Schokoladen-Baiser 40
  Schokoladen-Ingwer-Kuchen 44
Baiser
  Aprikosen-Schokoladen-Baiser 40
  Himbeer-Erdbeer-Pavlovas 30
  Kaffee-Creme-Macarons 78
Blätterteig: Gewürzpflaumen-
  Schnecken 68
Blaubeeren
  Blaubeer-Brûlée 42
  Blaubeer-Pancakes mit Ahornsirup 12
  Blaubeer-Wodka-Dessert 70
  Mürbekeks-Stapel 54
  Zitronen-Blaubeer-Duett 36
Brombeeren: Zimtapfelringe mit feiner
  Brombeersauce 18
Clementinen
  Granita-Clementinen 56
Cranberrys
  Cranberry-Amaretti-Cremedessert 58
  Cranberrydessert mit
    Knuspermüsli 24
Crème brûlée
  Blaubeer-Brûlée 42
Crème fraîche
  Blaubeer-Pancakes mit Ahornsirup 12
  Käsekuchen mit weißer Schokolade
    und Erdbeeren 38
  Mandel-Kirsch-Törtchen 14
Crumble mit Beeren und Haferflocken 16
Drei-Schokoladen-Mousse 52
Eclairs: Mini-Eclairs mit Irish Cream 76
Eiscreme
  Erdbeer-Minze-Eiscremehörnchen 50
  Pistazien-Honig-Eis mit pochierten
    Feigen 66
Erdbeeren
  Erdbeer-Minze-Eiscremehörnchen 50

Erdbeer-Rosé-Gelee 32
Himbeer-Erdbeer-Pavlovas 30
Käsekuchen mit weißer Schokolade
  und Erdbeeren 38
Schoko-Beeren-Törtchen 48
Feigen: Pistazien-Honig-Eis mit
  pochierten Feigen 66
Frischkäse
  Cranberry-Amaretti-Cremedessert 58
  Käsekuchen mit weißer Schokolade
    und Erdbeeren 38
Geeiste Schoko-Minze-Mousse 72
Gefüllte Sandwichkekse 20
Gewürzpflaumen-Schnecken 68
Granita-Clementinen 56
Himbeeren
  Crumble mit Beeren und
    Haferflocken 16
  Himbeer-Erdbeer-Pavlovas 30
  Käsetörtchen mit Himbeerwelle 34
  Mürbekeks-Stapel 54
Joghurt
  Cranberrydessert mit
    Knuspermüsli 24
  Pistazien-Honig-Eis mit
    pochierten Feigen 66
  Kaffee-Creme-Macarons 78
Karamell
  Schokotässchen mit Karamell 60
  Schokotörtchen mit Karamellsauce 26
  Tropische Karamellcreme 74
Käsekuchen mit weißer Schokolade
  und Erdbeeren 38
Käsetörtchen mit Himbeerwelle 34
Kekse
  Cranberry-Amaretti-Cremedessert 58
  Drei-Schokoladen-Mousse 52
  Käsetörtchen mit Himbeerwelle 34
  Mürbekeks-Stapel 54
  Schokoladen-Ingwer-Kuchen 44
Kirschen
  Kirsch-Honigcreme-Terrine 64
  Mandel-Kirsch-Törtchen 14
Mandeln
  Cranberrydessert mit
    Knuspermüsli 24
  Kaffee-Creme-Macarons 78
  Mandel-Kirsch-Törtchen 14
Marshmallows:
  Gefüllte Sandwichkekse 20
Mini-Eclairs mit Irish Cream 76
Mousse
  Geeiste Schoko-Minze-Mousse 72
  Drei-Schokoladen-Mousse 52
Nüsse
  Pistazien-Honig-Eis mit pochierten
    Feigen 66

Schokoladen-Ingwer-Kuchen 44
Schokotässchen mit Karamell 60
Orangen
  Aprikosen-Schokoladen-Baiser 40
  Cranberrydessert mit
    Knuspermüsli 24
  Gewürzpflaumen-Schnecken 68
  Granita-Clementinen 56
  Orangen-Soufflés mit Schokolade und
    Orangensauce 22
  Tropische Karamellcreme 74
Pavlova: Himbeer-Erdbeer-Pavlovas 30
Pflaumen
  Crumble mit Beeren und
    Haferflocken 16
  Gewürzpflaumen-Schnecken 68
  Pistazien-Honig-Eis mit pochierten
    Feigen 66
Pudding
  Crumble mit Beeren und
    Haferflocken 16
  Käsetörtchen mit Himbeerwelle 34
Sandwich-Kekse, Gefüllte 20
Schokolade
  Aprikosen-Schokoladen-Baiser 40
  Drei-Schokoladen-Mousse 52
  Geeiste Schoko-Minze-Mousse 72
  Gefüllte Sandwichkekse 20
  Kaffee-Creme-Macarons 78
  Käsekuchen mit weißer Schokolade
    und Erdbeeren 38
  Mini-Eclairs mit Irish Cream 76
  Orangen-Soufflés mit Schokolade und
    Orangensauce 22
  Schoko-Beeren-Törtchen 48
  Schokoladen-Ingwer-Kuchen 44
  Schokotässchen mit Karamell 60
  Schokotörtchen mit Karamellsauce 26
Tropische Karamellcreme 74
Zimt
  Cranberry-Amaretti-
    Cremedessert 58
  Gewürzpflaumen-Schnecken 68
  Orangen-Soufflés mit Schokolade und
    Orangensauce 22
  Pistazien-Honig-Eis mit pochierten
    Feigen 66
  Zimtapfelringe mit feiner
    Brombeersauce 18
Zitronen
  Blaubeer-Pancakes mit Ahornsirup 12
  Blaubeer-Wodka-Dessert 70
  Granita-Clementinen 56
  Himbeer-Erdbeer-Pavlovas 30
  Kirsch-Honigcreme-Terrine 64
  Mürbekeks-Stapel 54
  Zitronen-Blaubeer-Duett 36